日本の遺跡 19

根城跡

佐々木浩一 著

同成社

史跡根城跡の航空写真（整備前）

主殿広間に再現された正月儀礼の模様

復原された根城跡

本丸全景

主殿祈祷ノ間

主殿（奥）と常御殿（中央平面表示）・奥御殿（右下平面表示）

発掘時の本丸（16 回の建て替えによるおびただしい数の柱穴群）

発掘時の本丸虎口（秀吉による城破却で埋め戻された）

目　次

カバー写真　復原された根城本丸
装丁　吉永聖児

根城跡

はじめに

中世、本州の最北に広大な地域を領した南部《なんぶ》氏がいた。後に、「三日月の丸くなるまで南部領」とたとえられたが、この南部氏の本城だったのが根城である。根城は「こんじょう」や「ねじろ」ではなく、「ねじょう」と読む。現在城跡は史跡公園として整備され、本丸内には発掘調査の成果を基にした「南部氏の館」が復原されている。

南部氏はもともと甲斐に領地があった。現在の山梨県南巨摩郡南部町・身延町が南部氏の出身地である。私が発掘調査を担当したてのころ、この地をどうしても見たくて訪ねたことがあった。南部氏の故地はJR身延線の沿線にあり、杉や桧の山々に囲まれた、富士川の清流のほとりに開けた谷間の町である。甲府から南へ六〇㌔、北側には日蓮宗の本山として知られる身延山久遠寺があるが、この久遠寺と南部氏には深い縁がある。一二七四（文永十一）年、日蓮上人について信者となっていた南部実長は、日蓮を自らの所領であった身延山の庵室に迎え入れ、七年後に坊舎を建立した。これが身延山久遠寺の始まりである。南部実長は後に根城を本拠とする南部氏の初代といわれ、後に糠部で「南無妙法連華経」と染めぬいた軍旗を用いるのはこのような由緒による。

道を訪ねながら南部氏館を目指し、指示された方向へ斜面を登ると、竹林のなかにその跡地があった。地元の人によると、その当時でも東京の南部様から館跡の清掃管理を頼まれているという。比較的急な斜面を造成した狭い平場が何段かあり、眼下には富士川が流れている。小さな館跡であった。帰りの列車で、地元の人が話す山梨弁を聞きながら見た、南部氏のふるさとが今でも思い出される。

私は二〇〇三（平成十五）年まで八戸市博物館に在職し、根城の発掘調査の初期から整備、そして整備後の維持管理にかかわってきた。それぞれの段階で成果があり、課題や批判もあったが、これらのことを本書のなかで集約するように努めた。

I　根城跡と八戸

1　根城跡

国史跡根城跡は中世南部氏が北奥羽支配の拠点とした城として知られ、その存続年代は一三三四（建武元）年から一六二七（寛永四）年の約三〇〇年間である。この間、この城をめぐる交戦はあったが落城の記録はなく、館主が変わることもなかった。

城跡は八戸市の中心街から西へ約二キロにあり、城跡の北を流れる馬淵川の低い段丘上に、本丸、中館《なかだて》、東善寺館《とうぜんじだて》、岡前館《おかまえだて》、沢里館《さわさとだて》をはじめとする八つの曲輪《くるわ》が整然と配置されている。城の北には八戸最大の穀倉地帯である沖積平野が広がり、はるか北西には八甲田の峰々をのぞむことができる。舟運の動脈であった馬淵川の水量は豊かで、根城から約五キロで太平洋に注いでいる。

この城の国史跡指定は一九四一（昭和十六）年十二月十三日と古く、青森県内にある北畠氏の浪岡城や南部氏一族の七戸城とともに、皇国史観高揚のために南朝方の城が相次いで国指定を受けた。その後、一九七二（昭和四十七）年から史跡

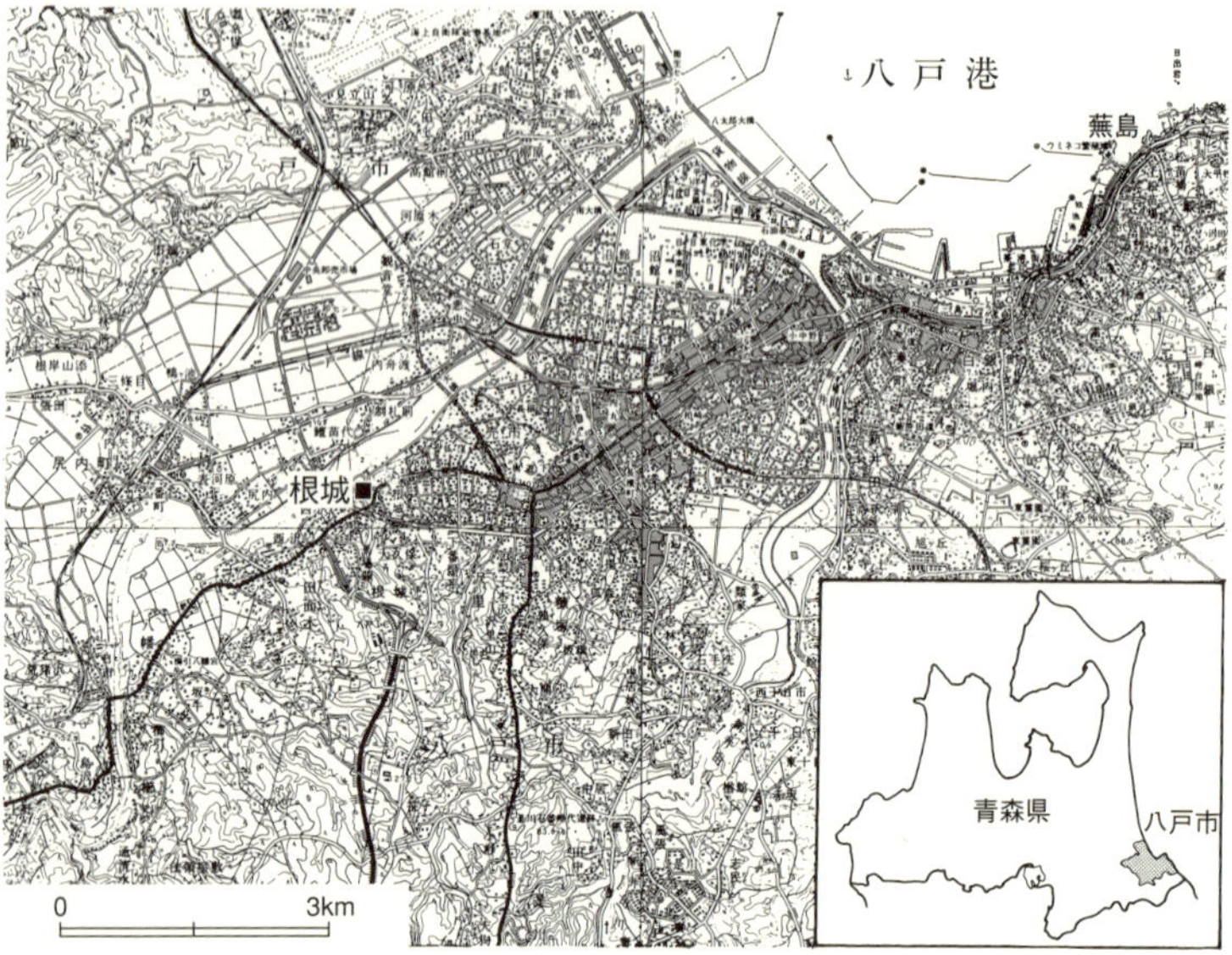

図1　根城跡の位置

の買上げが開始され、一九七八（昭和五十三）年からの発掘調査を経て、一九九四（平成六）年から「史跡根城の広場」として一般開放されている。史跡指定地は約二一㌶で、そのうちの約一三㌶が史跡公園として整備され、隣接する八戸市博物館とあいまって八戸市の文化・観光の拠点となっている。周辺は閑静な住宅街で、地域住民の憩いの場ともなっている。

根城は天正二十年（一五九二）の史料には「八戸」と記載されているので、当時は八戸城であったといわれている。この史料は豊臣秀吉による日本平定最後の内乱となった九戸の乱（岩手県二戸市にある九戸城を舞台とした、北奥羽の争乱）後、南部領内で行われた城の破却を記録したものである。いつのころから根城とよばれるようになったか定かではないが、元和四年（一六一八）の知行宛行状には「根城廻」と根城の記載がみられる。八戸城と根城が区別されて呼称されたものか、八戸城が破却された後に根城とよぶようになったのか明確ではない。根城を本拠とした南部氏の支配地は年代によって変動はあるが、戦国末期の所領は二万三千石程度と考えられている。

なお、八戸は近世に二万石の八戸藩となるが、この時期の八戸城は根城を再利用したのではなく、市の中心地である八戸市庁一帯がその跡地である。

2　八戸というところ

青森県の太平洋側にある八戸市は、人口二五万人の工業と漁業で知られるところである。三陸海岸の北端にあたり、天然記念物であるウミネコ繁殖地「蕪島《かぶしま》」を境にして東が岩礁で、埋め立てが進んだ西側はかつて、きれいな砂浜が広がっていたという。近年は東北新幹線の終・始発駅として知られ、新幹線で東京駅までは三時間である。

この地には仙台以北の太平洋岸で最も広い平野があり、太平洋から約五キロの位置にある根城の北には、八戸の穀倉地帯が広がっている。太平洋岸にあるため、冬期間は北・西風の強い晴天がつづき、寒冷ではあるが積雪は少ない。また、八戸は街道の集まる場所でもあり、平野を流れる馬淵川と新井田川の河口は古くから湊として利用されてきた。馬淵川は内陸部との舟運にも重要な役割をはたしていた。根城をはじめとする八戸の中世城館は馬淵川や新井田川沿いに多く存在し、藩政期には内陸部から川船で穀類などの産物が運ばれた。穀類のなかでも大豆は回船に積み替えられ、銚子や野田の醤油生産の一翼をになった。

一九六四（昭和三十九）年には新産業都市の指定を受け、それまでホッキ貝（ウバガイ）のよく

図２　八戸市街地

取れた砂浜は、工場地帯に変わっていった。この貝は、海が荒れた日の翌日には浜にたくさん上がったという。海岸の一角には北海道の苫小牧と室蘭を結ぶフェリー（室蘭便は現在休航中）の埠頭があり、八時間ほどの航海で北の大地に着く。

また、八戸前沖の三陸漁場からはイカ、イワシ、サバなどの魚介類が水揚げされ、最盛期の一九六八（昭和四十三）年には漁獲量三年連続日本一を記録し、浜は賑わっていた。港では大量に取れた魚をトラックに積む作業が見られ、港からの道には魚がトラックからこぼれ落ちていた。江戸時代、八戸藩の特産物としてイワシの〆粕や干鰯があった。これらは太平洋廻りで江戸に運ばれ、桑や綿花などの商品作物の肥料として広く取り引きされた。

中世の八戸湊は太平洋側における日本海交易の拠点であり、太平洋側は三陸沿岸の諸港を行き交う程度と考えられている。一方、三陸沿岸部の発掘調査の出土品から、太平洋側の交易を再評価する動きもある。

　ところで、八戸は「はちのへ」と読む。遠来の方からは「やっと」や「はちと」と読まれることもある「戸《へ》」であるが、岩手県北部から青森県南部にかけての地域に、一戸から三戸、五戸から九戸という地名がある。もともと四戸もあったが現在は残っていない。青森県には三戸から八戸、岩手県には一戸、二戸、九戸があり、これらは古くから駿馬を輩出した馬牧に由来する、古代の行政区画の名残だという。この戸も「と」ではなく「へ」であり、「〇〇のへ」と読む。

　中世南部氏が支配した糠部郡は、馬牧が主産業であった「戸」の地域であり、根城は糠部のほぼ中央にある。平野や湊があり、街道が集結する八戸は糠部の中心地であった。一方、川の下流域に平野があるものの、多くは丘陵地であり耕地に乏しい。また、晩春から盛夏にかけてしばしば吹く冷涼な東風（やませ）やイノシシなどの食害による、飢饉の記録が多く残っている地域でもある。

3　根城の史跡指定と保存管理

　根城跡は一九四一（昭和十六）年十二月十三日に国の史跡指定を受けており、史跡指定以来、根城史跡保存会や土地所有者同盟会の協力によって、城跡は良好な状態で保存されてきた。史跡の指定理由は「南部氏ノ支流、八戸氏ノ居城ナリ、元弘三年北畠顕家義良親王ヲ奉リテ下向スルヤ、南部師行之ニ従ヒ、賊軍ヲ討チテ功アリ、弟政長之ヲ助ケ師行ノ死後、家ヲ嗣デマタ北奥ヲ鎮メシガ共ニ此ニ拠レリト伝ヘラル　寛永年間陸中遠野移封以廃城トナレリ　八戸城トモ称サレ、馬渕川溝口ニ近キ右岸台地ノ縁辺ニ築カレタル平城ニシテ川ニ臨ミ沿岸一帯ヲ一望ノ内ニ収メ得ル形勝ノ地ヲ占メタリ　今本丸（古館）、中館、等ノ祉、土塁、濠祉等存シ、旧規模ヲ見ルニ足レリ」となっている。

しかし、戦後の市街化進展にともない、徐々に史跡指定地内での現状変更が増加し、城跡の保存について憂慮されるような状況を呈してきた。そこで、八戸市は文化庁、青森県教育委員会と協議し、一九七二（昭和四十七）年から史跡の公有化を開始するとともに、今後の保存管理計画の策定および公有化計画推進のための資料収集を目的として、一九七四（昭和四十九）年に岩手大学による東善寺館の堀、岡前館の堀、西ノ沢の三カ所で試掘調査を実施した。この試掘調査は根城跡で行われた最初の発掘調査であり、城跡の解明には発掘調査が不可欠であることを認識させた調査であった。

その後、一九七七（昭和五十二）年には「史跡根城跡保存管理計画書」を策定し（一九八二年に一部変更）、これにもとづいて「史跡公園」として整備活用していくこととされた。また、この計画書のなかには、史跡公園として環境整備する場合には発掘調査を前提条件とすることが明示されている。このような経過を経て、一九七八（昭和五十三）年から根城の主曲輪と予想された本丸の発掘調査が開始され、同時に、岡前館における、個人住宅建築等の現状変更に対応した緊急発掘も実施されることになった。岡前館は保存管理策定時に住宅地となっており、買上げ対象地から除外されている。

さらに、八戸市では一九七八（昭和五十三）年に「史跡根城跡環境整備基本計画」を策定し、発掘調査を本丸、下町、中館、東善寺館の順に実施し、調査が終了したところから順次整備していくという方針を固めた。しかし、文化庁は時期尚早という判断を下し、発掘調査成果がまとまったところで整備計画を再度検討することとなった。

このような状況のなかで本丸の発掘調査が継続されたが、調査が進むにつれて曲輪内の遺構・遺物数が当初の予定をはるかに超え、本丸だけでも一〇年以上の調査年数を要することが確実になってきた。このため、一九八五（昭和六十）年で発掘調査を終了し、本丸を中心とした整備に着手するとともに、中館から東善寺館にかけての各曲輪については基本的に発掘調査を行わず、現状のまま仮整備した上で史跡公園の一般開放を行うという方針に変更された。

最終的に、本丸の発掘調査は補足調査も含めて一九八九（平成元）年までの一二年を要したが、整備のための資料整理はその後も継続された。と

くに、何度も建替えられた掘立柱建物跡の整理と、数多く検出された遺構の変遷をたどる作業に多くの時間が費やされた。

Ⅱ 南部氏根城を築城

1 南部氏は甲斐から糠部へ

南部氏は甲斐の出身であり、甲斐から遠く離れた八戸の地に長く居を構えることになったが、その経緯は次のとおりである。

一三三三（元弘三）年、執権北条高時らは自害し、鎌倉幕府は滅んだ。このとき鎌倉を攻めた新田義貞の軍勢のなかに、後に根城を本拠とする南部師行《もろゆき》がいた。後醍醐天皇は北条氏の得宗領であった奥羽支配を重視し、近臣北畠親房《きたばたけちかふさ》の嫡男顕家《あきいえ》を陸奥守に任命した。顕家は天皇の王子である義良親王を奉じて、多賀城（宮城県多賀城市）に下向したが、この一行のなかに南部師行も含まれていた。南部氏の本領は甲斐国にあり、馬の飼育に深くかかわっていた。甲斐国には南部牧、飯野牧など古代からの馬牧が多くあり、師行はいわば馬牧経営の熟練者であった。

南部師行は、顕家から陸奥国の最奥である糠部《ぬかのぶ》郡《のこおり》（岩手県北東部から青森県東部にかけての地域）の国代に任命され、一三三四（建武元）年、その本拠を根城に構えた。師行は糠部に赴任する

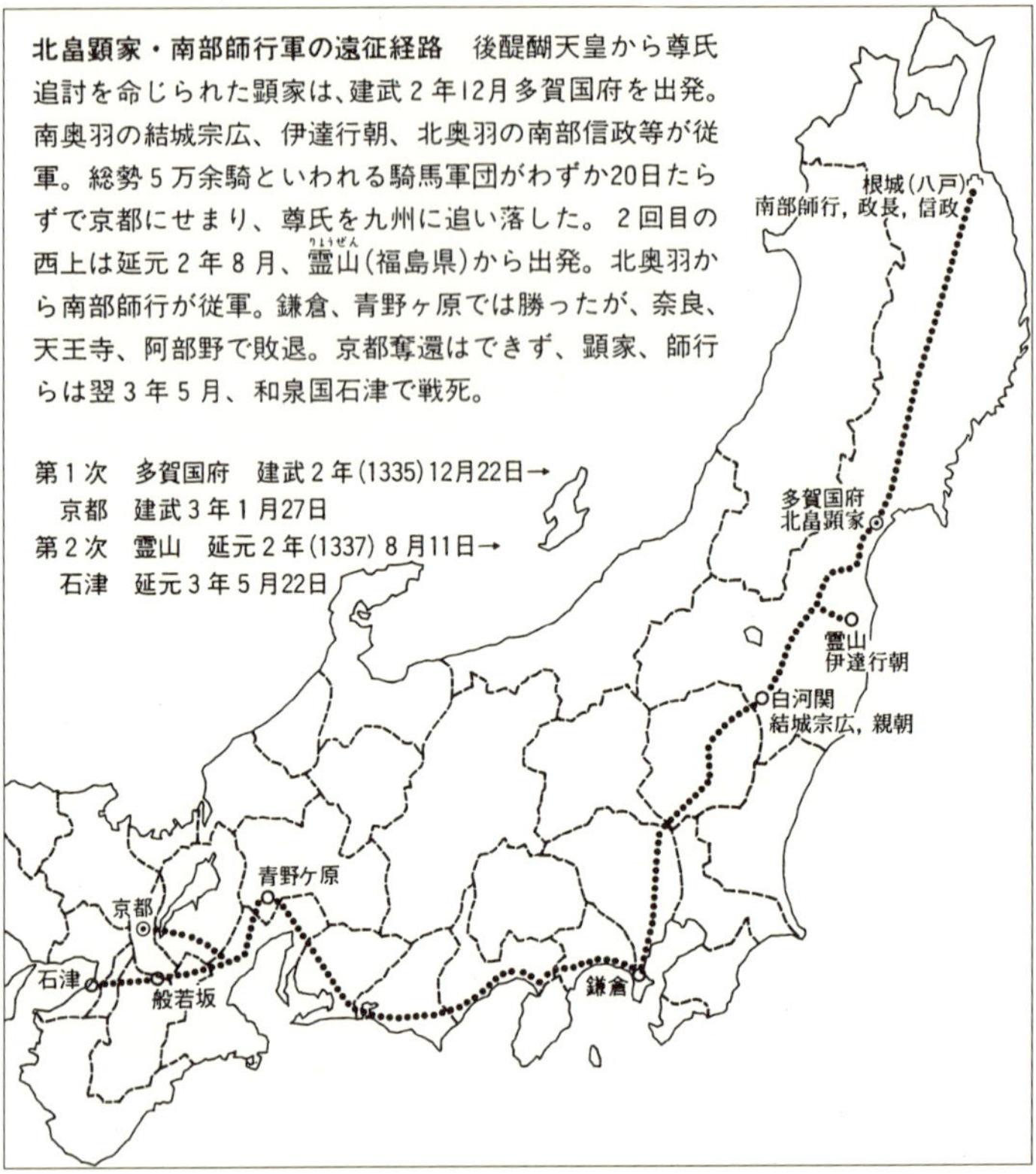
北畠顕家・南部師行軍の遠征経路　後醍醐天皇から尊氏追討を命じられた顕家は、建武２年12月多賀国府を出発。南奥羽の結城宗広、伊達行朝、北奥羽の南部信政等が従軍。総勢５万余騎といわれる騎馬軍団がわずか20日たらずで京都にせまり、尊氏を九州に追い落した。２回目の西上は延元２年８月、霊山《りょうぜん》（福島県）から出発。北奥羽から南部師行が従軍。鎌倉、青野ヶ原では勝ったが、奈良、天王寺、阿部野で敗退。京都奪還はできず、顕家、師行らは翌３年５月、和泉国石津で戦死。
第１次　多賀国府　建武２年(1335)12月22日→
京都　建武３年１月27日
第２次　霊山　延元２年(1337)８月11日→
石津　延元３年５月22日
根城（八戸）
南部師行，政長，信政
多賀国府
北畠顕家
霊山
伊達行朝
白河関
結城宗広，親朝
青野ケ原
京都
石津
般若坂
鎌倉

図３　南部師行の行軍経路（図説青森県の歴史より）

と弟の政長とともに、旧北条勢力を排除していったが、師行は北畠顕家の西上軍に参加し、足利尊氏軍と戦って一三三八（延元三）年に大阪府堺市の石津で戦死した。以後四代にわたり南朝に忠誠を尽くしたという。現在、根城から二千数百キロ離れた石津川のほとりに、南部師行と将兵たちの供養塔が建てられている。

以来、江戸時代の一六二七（寛永四）年に岩手県遠野に移るまでの間、根城を本拠とした。根城は南部師行の築城といわれているが、発掘調査により、根城からは南部氏入城以前の館跡が確認されていることから、それまであった北条方の館跡を再利用し、時間をかけて整備していったと考えられている。

根城には落城した記録や発掘事例がなく、城は連綿と存続しているのは確実である。

ところで、北奥羽の中世から近世にかけての歴史には、南部氏という氏族名がたびたび登場する。このことは、時代により支配領域は若干変動するものの、長期にわたり南部氏がこの地域に勢力を保ちつづけたことを示しているが、この南部氏には大きく二つの家系がある。聖寿寺館、三戸城等を経て、近世には盛岡城を居城とした南部氏（三戸南部→盛岡南部）と、根城を本拠とし、近世には鍋倉城（岩手県遠野市）に移り盛岡藩の家老を勤めた南部氏（根城南部→遠野南部）である。根城を本拠とした南部氏については、「南部

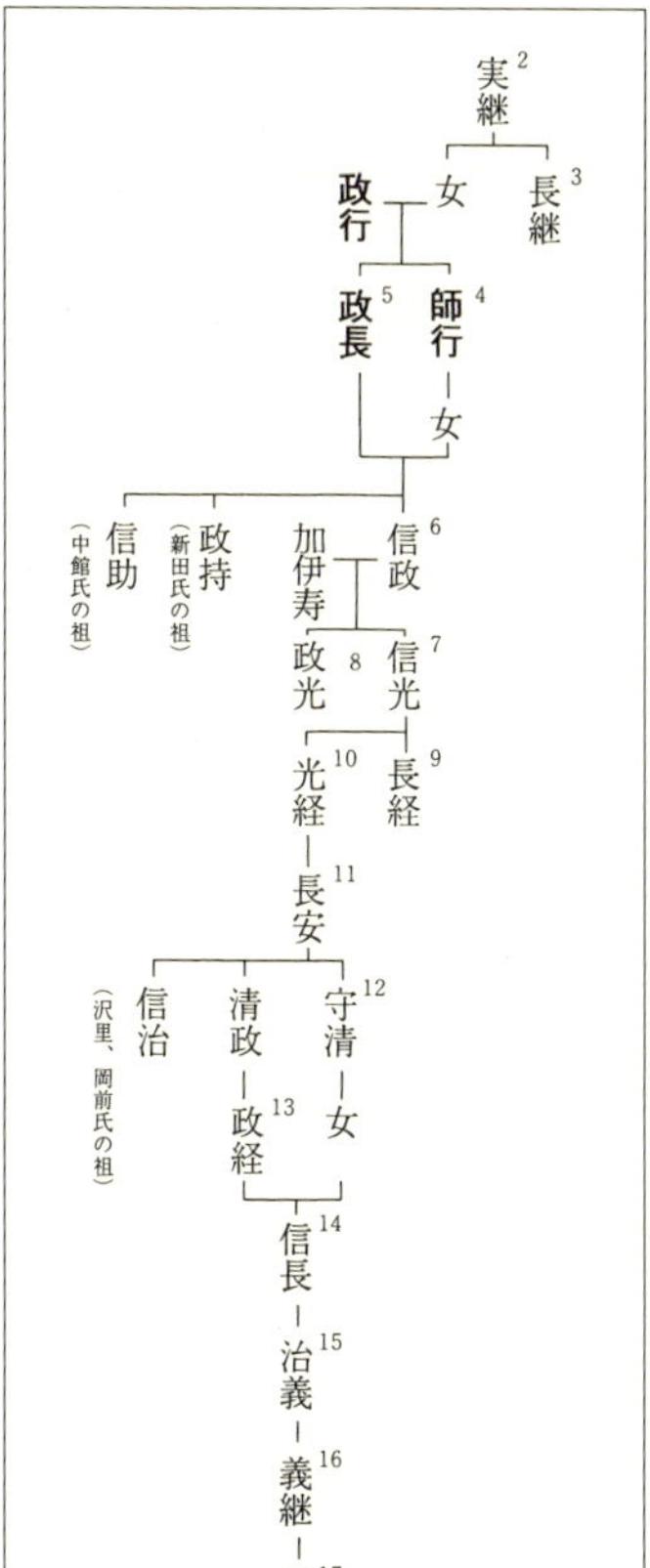

図4　根城南部氏の系図

表1　南部家関連年表

西暦	年号〔北朝〕	事　　　　　項
1333	元弘 3〔正慶 2〕	・後醍醐天皇京都還幸。 ・北畠顕家、義良親王を奉じて多賀の国府に赴任。 ・南部師行ら供奉。
1334	建武 1	・建武の新政。 ・師行、根城を築く。 ・　〃　陸奥守の国代として北奥支配。 ・政長、甲斐国倉見山を賜る。
1335	2	・足利尊氏そむく。 ・北畠顕家第一次西上。信政従軍。師行国府を守護。 ・尊氏、九州へ走る。
1336	延元 1〔建武 3〕	・九州へ敗走の足利尊氏東上。湊川の戦い。 ・後醍醐天皇吉野に移る。 ・南北朝の争乱始まる。
1337	延元 2〔建武 4〕	・顕家、第二次西上軍霊山を出発。師行従軍。 ・政長ら、津軽郡・鹿角郡・比内で戦う。
1338	延元 3〔暦応 1〕	・師行、北畠顕家と共に泉州石津に戦死。 ・北畠顕信、陸奥介・鎮守府将軍に就任。 ・足利尊氏、室町幕府を開く。
1339	延元 4〔暦応 2〕	・政長、津軽大光寺外楯を占領。 ・後醍醐天皇崩御。後村上天皇即位。 ・足利方より政長に勧降状。
1340	興国 1〔暦応 3〕	・北畠顕信、陸奥に赴任。 ・足利方より政長に勧降状。 ・政長、岩手郡西根に要害をかまえる。
1341	興国 2〔暦応 4〕	・足利方より政長に勧降状。 ・根城、足利方の包囲を受ける。
1345	興国 6〔貞和 1〕	・政長、甘美郡を領知。 ・信政、達智門女院右近蔵人に推挙される。
1346	正平 1〔貞和 2〕	・足利方より政長に勧降状。
1347	正平 2〔貞和 3〕	・曽我貞光申状案。
1348	正平 3〔貞和 4〕	・楠木正行四条畷の決戦。（信政死亡説）
1350	正平 5〔観応 1〕	・上田城の和与。 ・政長、七戸を加伊寿御前に、八戸を信光に配分後、没。
1351	正平 6〔観応 2〕	・顕信、陸奥国府を一時奪還。
1356	正平11〔延文 1〕	・信光、薩摩守に昇任。
1358	正平13〔延文 3〕	・足利尊氏没。
1361	正平16〔康安 1〕	・信光、後村上天皇から綸旨を賜る。

1362	正平17 〔貞治１〕	・信光宛北畠顕信書状。
1367	正平22 〔貞治６〕	・信光、甲斐の本領で神大和守を撃退。後村上天皇より綸旨並びに鎧を拝領（櫛引八幡宮国宝鎧）
1368	正平23 〔応安２〕	・後村上天皇崩御
1372	文中１ 〔応安５〕	・信光、剃髪して聖光と号す。
1374	文中３ 〔応安７〕	・信光、家督を弟政光に譲る。
1376	天授２ 〔永和２〕	・信光、政光に八戸の譲状を認め、没。
1382	弘和２ 〔永徳２〕	・政光、沙弥道重と一揆契約。
1384	元中１ 〔至徳1〕	・七戸殿（政慶か）、藤原守綱と一揆契約。
1387	元中４ 〔嘉慶21〕	・長経、前信濃守清継・近江守清長と一揆契約。
1392	元中９ 〔明徳３〕	・南北朝の合一。
1393	明徳４	・政光、甲斐の本領を去って、八戸根城に。
1407	応永14	・光経、修理亮補佐。
1411	18	・光経、秋田出陣。 ・光経、櫛引八幡宮に白糸威褄取鎧を奉献。
1412	19	・大慈寺梵鐘勧進奉加帳。
1414	21	・薩摩入道（政光）宛、永玉書状（推定）。
1416	23	・上杉禅秀の乱。光経、鎌倉出陣。
1419	26	・政光（聖守）から光経に譲状。
1422	29	・光経、薩摩守に昇任。
1432	永享４	・長安、遠江守に、守清、刑部丞に昇任。 ・奥の下国と南部弓矢。
1436	8	・長安、八戸籠田村に羽州月山を勧請。
1456	康正２	・内裏段銭につき大崎教兼書状（推定） ・このころ前信濃守孝安書状。
1457	長禄１	・政経、田名部出陣。 ・奥州探題大崎教兼挙状二〇通。
1465	寛正６	・伊勢守貞親、将軍義政の召馬進上を南部右馬助・大宝寺出羽に伝う（後鑑）。 ・信長、礼部被官の奥州下向。
1467	応仁１	・応仁の乱。
1477	文明９	・応仁の乱終る。
1487	文明19 長享１	・京都より信長書状（推定）。
1504	文亀４ 永正１	・治義、朗詠詩歌一巻。

1505	2	・干永正乙丑初浣中之八日、於新田対川精舎ニ書之畢、有也之筆、行年半白之後三。
1539	天文 8	・三戸城、赤沼備中により炎上。義嗣没。田中宗祐の乱。
1548	17	・勝義没。政栄家督。
1567	永禄10	・櫛引弥六郎、根城を襲撃。
1571	元亀 2	・政栄、櫛引を攻撃。 ・津軽為信、石川城に南部高信を滅す。(津軽側の主張)
1576	天正 4	・織田信長、安土城に移る。
1581	9	・南部高信没（南部側の主張）
1582	天正10	・信直、三戸南部の家督となる。 ・本能寺の変。
1585	13	・豊臣秀吉関白となる。
1588	16	・南部信直、斯波氏征討。政栄先鋒を勧める。
1590	18	・政栄、津軽出陣。 ・南部信直、小田原参陣。政栄嫡子直栄参陣。 ・政栄、糠部の留守を守る。 ・津軽為信、南部信直、相前後して豊臣秀吉より本領安堵状。 ・秀吉、奥州仕置。 ・浅野長吉、政栄に馬を所望。
1591	19	・九戸政実の乱。奥州仕置軍九戸城攻略。 ・直栄参陣。
1592	文禄 1	・直栄、諸城破却書上に連署。
1595	4	・直栄没。
1596	慶長 1	・豊臣秀吉、朝鮮出兵（慶長の役）。 ・南部信直、肥前名護屋へ出陣。
1597	2	・豊臣秀吉、再び朝鮮出兵（慶長の役）。
1598	3	・豊臣秀吉没。
1599	4	・信直、福岡城で没。(五十四歳)
1600	5	・直政、和賀一揆に出馬。
1603	8	・徳川家康、征夷大将軍となり江戸幕府を開く。
1607	12	・海山川の所務について（皆済状）。
1614	19	・直政、越後高田城普請。 ・直政没。後室清心尼家督を継ぐ。 ・大阪冬の陣。
1615	元和 1	・大阪夏の陣。豊臣氏滅ぶ。
1617	3	・田名部貸上げ。
1618	4	・利直より所領一万二千五百石の知行宛行目録。
1620	6	・直義家督。
1626	寛永 3	・直義、利直の名代として禁裡に参上。
1627	4	・直義（後に直栄）遠野へ移封。

小井田幸哉『八戸根城と南部家文書』(国書刊行会、1989年）より。

家文書」（本章第四節参照）から根城を取り巻く情勢を知ることができるが、聖寿寺館、三戸城を本拠とした南部氏の記録のほとんどは近世に編纂されたものであり、確かな資料は少ない。

なお、近世八戸城を本城とする八戸藩が一六六四（寛文四）年に成立するが、この藩主は盛岡の南部氏の家系である。いずれにしても二家の南部氏は、そのときどきによって勢力に優劣はあったが、ともに乱世を生き抜き、明治を迎えている。

南部氏の二つの家系のうちどちらが嫡流かについては両説あり、近年は、根城の南部氏が嫡流であるとの説が有力である。文書や系図の検討によるものであるが、このことについてはそちらの専門家にお任せすることとし、本書では今後とくに断りがないかぎり、根城を本拠にした家系を根城南部氏、聖寿寺館・三戸城を本拠とし天正期に豊臣秀吉から所領安堵の朱印状を受けた南部氏を三戸南部氏、双方合わせた一族の場合は南部氏として記述していく。

2　南部氏の勢力圏と経済基盤

根城を本拠とした南部師行とその弟政長は、糠部郡はもちろんのこと、津軽、秋田の比内・鹿角、岩手の閉伊などの北条方残党を制圧していった。そして十五世紀初頭からは、津軽の十三湊を本拠とし、鎌倉以来の「海の領主」であった安藤氏との抗争が展開されるようになる。この抗争は、台頭してきた三戸南部氏主導で十五世紀半ばまで断続的に行われ、南部氏の度重なる攻撃に安藤氏はついに蝦夷島へ敗走する。この勝利により南部氏は、下北半島、津軽諸郡、津軽沿岸部を支配下に置くことになり、安藤氏に替わって北方交易の主導権を掌握した。市村高男によれば南部氏

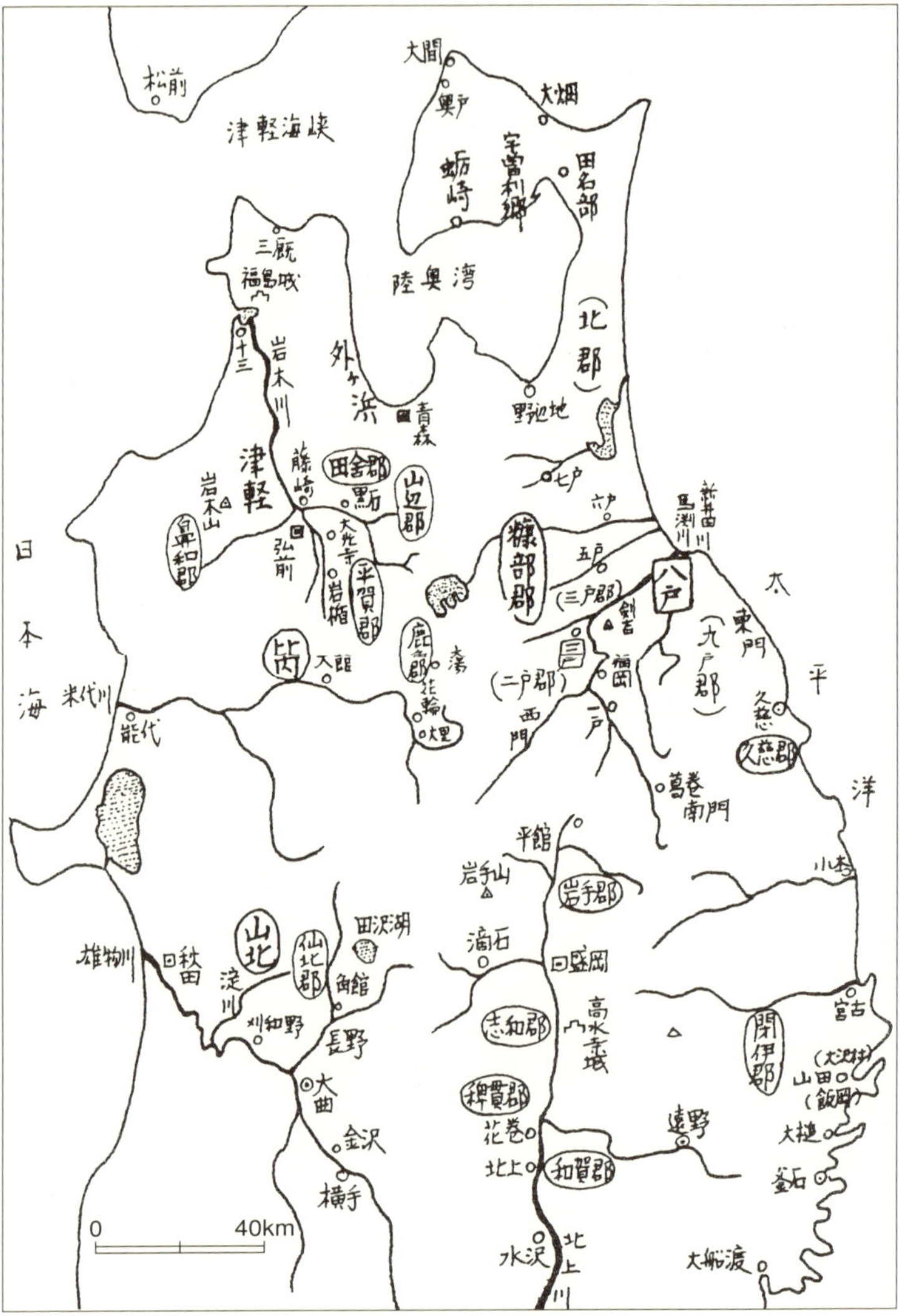

図5　南部氏の勢力圏（小井田幸哉作成）

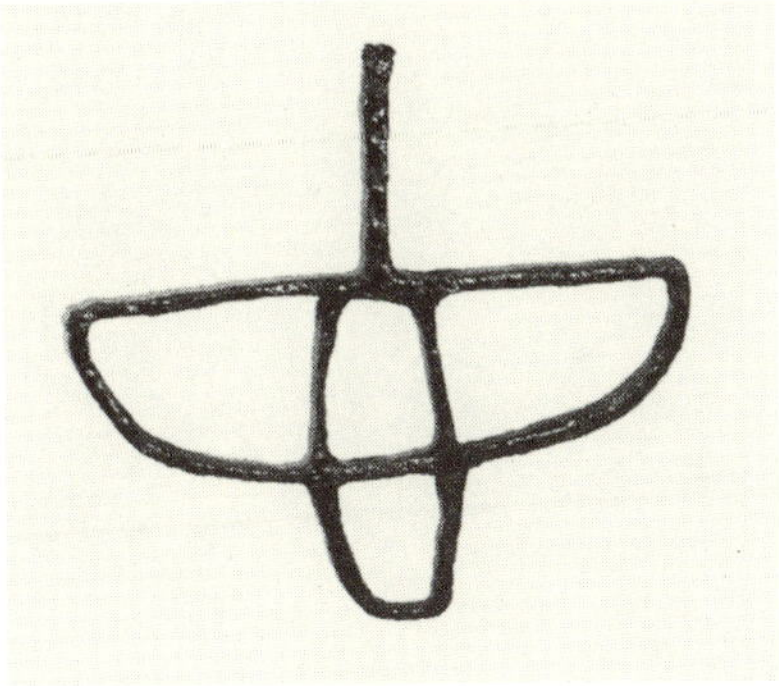

図6　一戸城出土焼印（左は復原したもの。一戸町教育委員会）

と安藤氏の抗争は、「南部氏がのぞんだのは津軽海峡・日本海の海運ルートを掌握することであった」という。

北条方残党や安藤氏を排除した南部氏は、北奥羽の有力領主となった。南部氏最盛期の勢力圏は現在の青森県全域・岩手県北東部・秋田県北西部に広がり、その影響力は北海道南部まで及んでいたという。このなかでも、南部氏が本拠とした糠部郡は古代から名馬の産地として知られ、多くの馬牧があった。「源平盛衰記」の宇治川の合戦で梶原景季と佐々木高綱が先陣争いをしたが、このときの乗馬がともに糠部の駿馬であったことはよく知られている。

古くからの馬産地である糠部に、甲斐でも馬の育成に深くかかわっていた南部氏が移ってきたことによって、以後南部氏は馬の大名として全国に知られるようになる。このことは、南部氏一族の

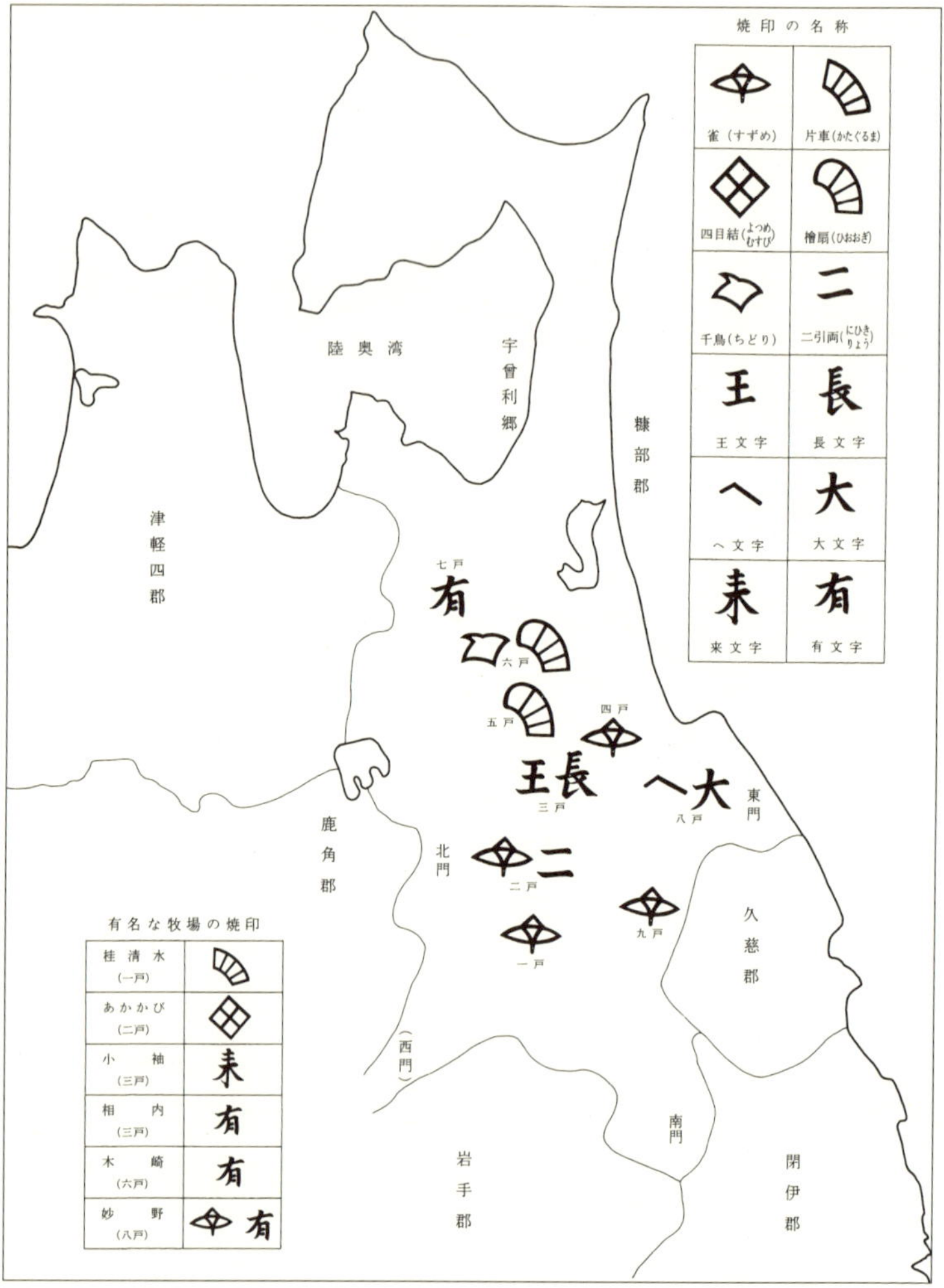

図７　馬の焼印（八戸市博物館　図録　中世の風景より）

居城である、一戸城の竪穴建物跡から馬の焼印が出土していることからもその一端をうかがうことができる。この焼印は「雀」を表現しており、武士が馬と密接にかかわっていることを示す資料として注目される。糠部の駿馬はお尻に押した焼印で、どこで飼育されたかがわかるようになっていた。

このように、これまで南部氏は「馬の領主」として紹介されることが多かった。しかし近年、入間田宣夫により南部氏は「馬の大名」であるとともに、「海の大名」でもあったという興味深い考え方が示されている。南部氏は、岩手県・青森県沖の太平洋域から津軽海峡を経て青森県沖の日本海にいたる、さらには北海道南岸に接する太平洋・日本海域にいたる広大な面積を占める北方海域に対しても絶大な影響力をもっており、北方海域では昆布・毛皮（ラッコ）・鮭・アワビ・鷹羽などの特産をめぐって活発な交易が展開されていたという。

このような視点は「海の領主」安藤氏の陰に隠れて、これまでの南部氏研究ではほとんど論じられることがなかったが、市村・入間田両氏の指摘は、十三湊《とさみなと》を本拠とする安藤氏との抗争に勝利した南部氏の経済基盤や勢力圏を考える上で重要な視点である。

3　南部氏ゆかりの品

前節のように、根城を本城とした南部氏は近世になりこの地を離れることになるが、根城での事跡を物語る南部氏ゆかりの資料が比較的多く残っている。

まず、東京都府中市の現南部家には国の重要文化財になっている「南部家文書」のほか、軍旗、

国宝：白糸威褄取鎧、兜、大袖付 附唐櫃

国宝：赤糸威鎧、兜、大袖付 附唐櫃

太刀 無銘（伝一文字）

黒漆塗太刀拵

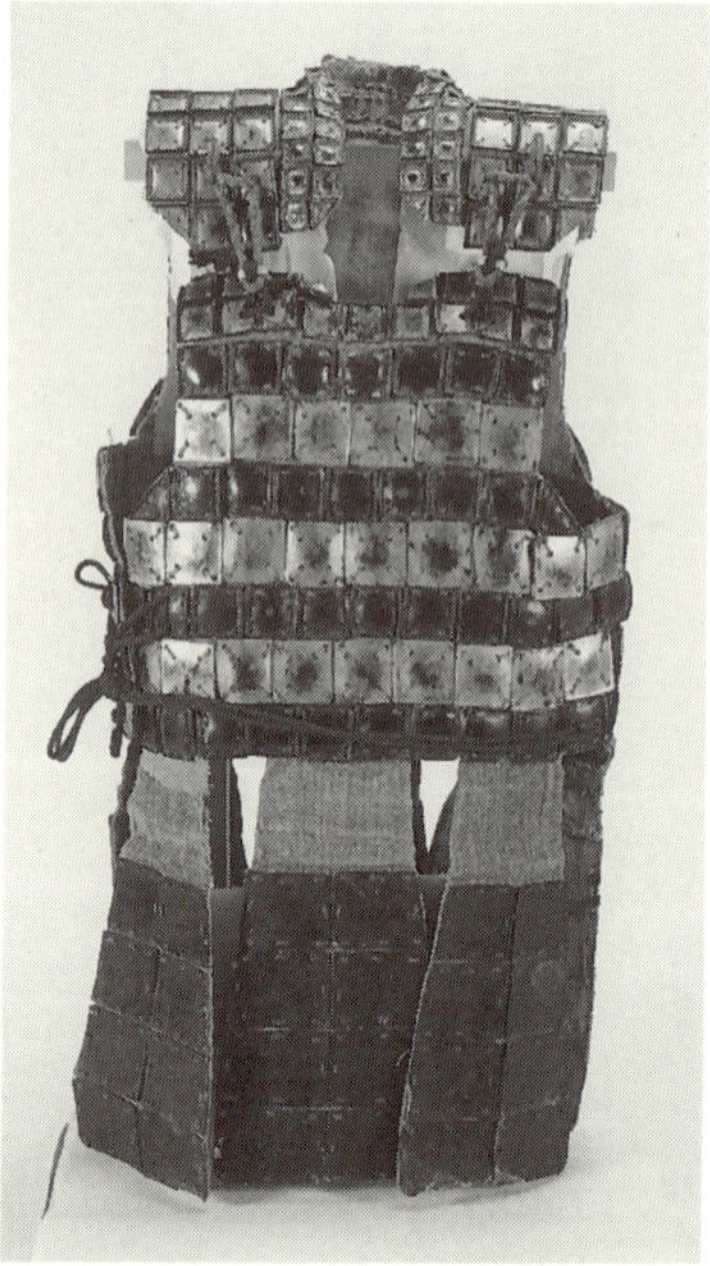

正方形革札胴丸

図8 南部氏ゆかりの品

陸奥守北畠顕家から拝領した「世平弓」二十張、足利尊氏から拝領したと伝えられる大薙刀がある。南部家文書は鎌倉末期から近世初頭にかけての二四三の書状と、一巻七冊の文書が国重要文化財の指定を受けている。これらは国宣・御教書・下文などからなり、乱世を乗り切った南部氏の動向を、かなり詳しく知ることができる。

　八戸の「櫛引八幡宮」には、国宝の「赤糸威鎧」（鎌倉時代から南北朝時代にかけて製作されたとされる）や後村上天皇から拝領したとされる「白糸威褄取鎧」のほか、重要文化財の鎧三領が収蔵されている。「白糸威褄取鎧」は、一四一一（応永十八）年に一〇代光経が秋田からの凱戦後、備州長船幸光の太刀とともに奉納したという。なかでも「赤糸威鎧」は、奈良市春日大社の赤糸威鎧とともに、日本を代表する大鎧として広く知られ、海外展に幾度も出品されている。櫛引八幡宮の現在の社殿は一六四五（正保二）年から一六四八（慶安元）年にかけて建立されたもので、本殿、旧拝殿、末社神明社、末社春日社、南門が国の重要文化財に指定されている。二〇〇七年には新国宝館が開館する予定になっており、国宝等の社宝はここに移され、収蔵・展示される。この八幡宮は根城の南西三キロにあり、「南部一の宮」として南部氏から手厚い保護を受けていた。

　また、八戸市博物館には南部家が士卒用として常備し、雑兵鎧ともよばれた「正方形革札胴丸」が収蔵されている。鎧ではこのほか、岡山市の林原美術館に、南部家の家宝ともいえる重要文化財「紺糸威胴丸」が収蔵されている。もともとこの鎧の糸の色は紺ではなく、縹（はなだ＝薄い藍色）とよばれていたという。

　刀剣では、代々木の刀剣博物館に「黒漆塗太刀拵」が、東京国立博物館には重要文化財の「黒漆銀銅蛭巻太刀」、八戸の櫛引八幡宮には県重宝の太刀「備州長船幸光」、岩手県立博物館には師行の弟である政長佩用と伝える太刀があり、これらは南北朝時代の作といわれている。

以上が主なものであるが、南北朝時代の遺品が残っているのは、南部氏が糠部に赴任してから師行、政長、信政、信光、政光の五代にわたって、南朝方として精力的に活躍していたことを物語るものであろう。

4　根城の研究史

根城の研究は中道等、小井川潤次郎、小井田幸哉、正部家種康、栗村知弘等により続けられてきた。

南部氏には南部家文書があり、南部氏の事跡についてはかなりたどることができるが、この文書からは根城そのものの構造や内部施設についてはほとんど知ることができない。根城の本格的な発掘調査が一九七八（昭和五十三）年から始まるが、それまでの研究内容は表2のようなものであった。

表2 根城の城館関連名称出典一覧

年号	著者	書名等	記載内容
明和八年（一七七一）	新田政箇	三翁昔語（一九五三 青森県叢書刊行会刊）	・根城八幡建立（建武元年一三三四） ・根城に東善寺郭とてあり（明徳四年一三九三） ・中館、東善寺、岡前館天神の名称（明和年中改根城図） ・南部政栄が嫡子直義へ家督を譲り、根城御屋鋪の側に別殿を作り閑居（天正二十年一五九二）
（江戸時代）		八戸家伝記（一九三九 南部家文書吉野朝史跡調査会）	・建武元年に北畠顕家が南部師行の築城を喜び、根の城であると祝った。
天保年間前後	斎藤順治	南部五世伝（一九八六 小井田幸哉 南部五世博私考）	・北畠顕家が本州を蕩平する根本の城だと評した。
大正一四年（一九二五）	中道 等	史跡名勝天然記念物調査報告第二号所収「根城館址」青森県史跡名勝天然記念物調査会	・根城の主郭を本館と呼称 ・現沢里館を南袖館と仮称 ・根城は新井田城（南館）と柏崎館（中館）を含めてのものだが今は根城のみ残る。 ※新井田城は南部氏の一族である新田氏の居城、柏崎城は近世の八戸城の位置にあったとされる中世城館 ・下町は城下町の略称
大正一五年（一九二六）	小井川潤次郎	根城の城あと —一九九一 小井川潤次郎著作集 第四巻「根城」所収— ※以下一九九一小井川「根城」	・根城の城は中館と南館（新井田城）と三つの城を含めてのことであろう。 ・中館、岡前館、東善寺、天満宮跡、中道氏が仮称した南袖館を沢里氏の館、サンバ壕、馬場 ・根城東方の無縁塚は根城の刑場
昭和三年（一九二八）	小井川潤次郎	根城と櫛引八幡宮（一九九一 小井川「根城」）	・本館、中館氏、岡前氏、沢里氏の館址、東善寺の祉、八幡宮、天満宮、観世音、護摩堂、鹿島明神、法霊神社等のあとは指摘することができる。
昭和四年	沼館愛三	根城附近位置要図	・本丸址、中館址、東善寺址、東構、天満宮址、茶釜水、岡前館址、沢里

（一九二九）		（実測図）	館址、三番堀址、馬場址、下町址、ゴマ堂址、別当ヤシキ址、侍屋敷址、禅源寺址、スミ観音堂址、下町と郭群の境に壕址の記載がある。
昭和六年（一九三一）	小井川潤次郎	お題目など（一九九一　小井川「根城」）	・雨走りの仕置場（無縁塚）、ちゃがちゃが水（御膳水）
昭和一二年（一九三七）	小井川潤次郎	根城の問題（一九九一　小井川「根城」）	・本丸、三番掘、佛沼（ほとけぬま　根城時代の墓石を投じたところ）
昭和一四年（一九二五）	小井川潤次郎	根城雑記（一九九一　小井川「根城」）	・（沢里館）の東が寺地とか寺屋敷と今も言って禅源寺のあったところ。 ・壕へ水を入れる取り入れ口もあった。 ・隅の観音はもともと禅源寺の根城山へ引上った方にあった（古観音）。 ・小田毘沙門の別当河村氏の欄間は東善寺にあったものだという。 ・チャガチャガ水（清水）は茶釜水の訛ったものと思う一根城の殿様のお茶水。 ・東善寺の西に護摩堂があり、この堂の門が来迎寺の山門だったが、大正一三年以前の大火で焼けた。 ・護摩堂の下に十王堂があったともいう。 ・東善寺の門前を行っての突当り、少し下がって壕の手前に年寄たちは大手門があったという。この壕は川へ向いて断れている。 ・サンバホリは三番壕?、道で断られているが東善寺の東の方の壕につづく。 ・法霊林は根城を攻めてきた敵が馬を匿して待機したところ。 ・根城と八戸と新井田とつながり合って一つの大きな根城が成り立つので「三館一城」と中道等さんが説いた。
昭和一五年（一九四〇）	小井川潤次郎	根城とその界隈（一九九一　小井川「根城」） ※史跡指定申請付帯書	・根城の東縁至るころ僅かに潤洳の地となった。この左岸に白山宮があり、白山宮のやや下流に龍源寺があり根城五山の一つと伝える。さらに下って山神天摩堂（後天満宮）、横枕観音、熊野堂に至る。 ・根城山（上久保山）の東麓に龍源寺があり、丘の上には鹿島明神、山神堂があった。根城天神、隅観音はその西麓近くにあり、禅源寺は隅の観音と並んでいたらしい。 ・三番壕の上を根城山の北麓に添って走った道に面して禅源寺と善応寺などがあった。 ・岡前館は岡前氏の居館

			・中館の西端に大手門 ・三番壕は本丸の壕、中館の壕からすると三番目の壕の意か？ ・中館の東善寺の間を台地から下町に下る道路（下町側住民の通路用）に面して東善寺の山門があり、これに対して、護摩堂の門があった。護摩堂は中館と壕一つ隔てていた。十王堂が護摩堂の下にあった。 ・護摩堂の門は後に来迎寺の山門に移されたが明治中葉に焼失した。 ・東善寺の前に「天神」と書いてある（明和年中改根城図）の根城天神で後に移されたもの。 ・西ノ沢（根城西方での二番目の堀） ・本丸、沢里館、外馬場 ・西沢氏の邸（本丸から西ノ沢を越えたところ）の近くに根城八幡があった。 ・エヒサ沢が川の方へ下って、北面した壕代に合する（北面の二番堀）。 ・内舟渡に仕置場があった。 ・松館の大慈寺が根城の菩提寺
昭和四二年（一九六七）	小井田幸哉	史跡根城（文化財シリーズ第八号八戸市教育委員会）	・本丸、中館、東善寺館、岡前館、沢里館 ・根城の侍屋敷は上町とよばれ、サンバボリの東一帯の平地に建て連っていたという。 ・根城々下の町家は（郭群の北から）河原一帯に立ちならんでいたという。
昭和五一年（一九七六）	沼館愛三	南部諸城の研究（青森県文化財保護協会） ※執筆は昭和二〇年代と推定	・根城ということは作戦根拠地の意味での本城、根城大根城などと称し、恰も一本の木の枝に対する根である。 ・沢里館は根城築以前既に存在していた。このことは古老の伝承と符号している。 ・二番堀があるとすれば東構と中館間の堀で、南に延び、沢里館東北端付近に及んでいたものと思われる。 ・東構（一名東善寺郭）

※八戸市教育委員会による本格的な発掘調査（昭和五三年）以前の記載を収録。

Ⅲ　南部氏関連城館と根城

1　南部氏関連城館の特徴

南部氏の支配圏には数多くの城館がある。深い沢が切り込んだ急峻な自然地形を利用した鹿角地域の城館、尾根沿いに高低差のある削平段を連ねる三陸海岸地域の城館など、地域によって城館の立地や曲輪配置に違いがある。

南部氏が本拠とした糠部の城館は、段丘など比較的平坦な場所に、それほど高低差のない曲輪を並列させるのが特徴である。丘陵地が多いという地形的な条件もあったのかもしれないが、いわゆる山城は今のところ確認されていない。河川や街道に沿って存在するものが多く、密なところでは一・五キロ間隔で城や館がある。単郭も多く見られるが、地域支配の拠点となるのは複数の曲輪からなる城館である。複数の曲輪がある場合、それぞれの曲輪は城館名とは別に○○館とよばれている。曲輪の土塁はほとんど確認されていないので、存在したとしてもそれほど高いものではなかったと思われる。

堀は基本的に薬研堀《やげんぼり》であり、二重堀や三重堀も

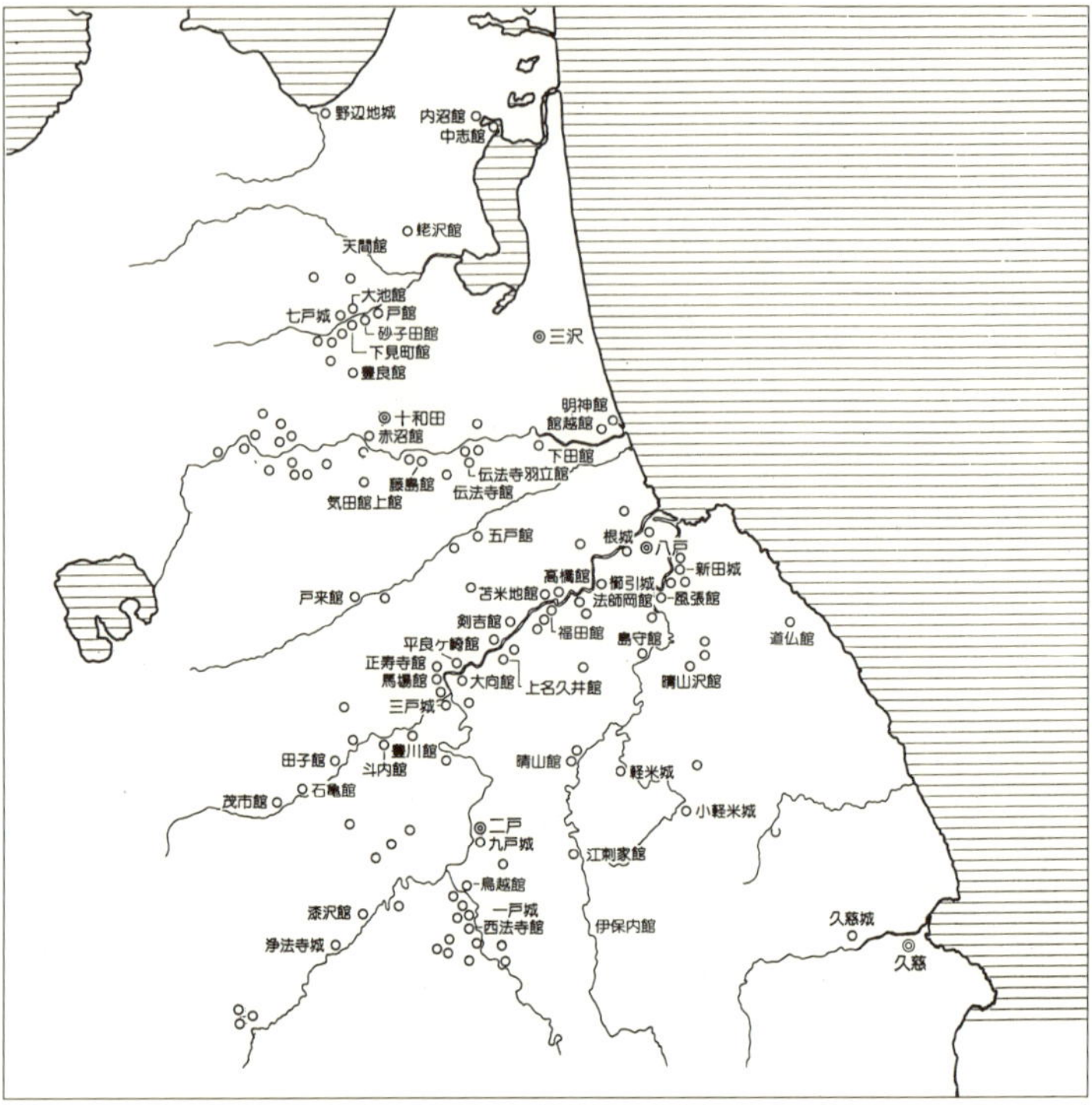

図9　根城周辺の城館

ある。三重堀は多くの場合、単郭の城館にみられる。曲輪の法面に段差をもって構築されるが、当初から三重なのか、構築に時期があるのかは明確ではない。

虎口は、多くの場合はっきりしない。現在使用されている農耕用の道路がそうなのか、伊藤正義が『城破りの考古学』のなかで述べているように、城を捨てるときに虎口を破壊するためなのか、いずれにしても、現況調査だけでは特定するのが困難な城館が多い。

南九州と同じように曲輪が並列し、一見して主曲輪がわからないといわれる南部氏関連城館であるが、以前に曲輪の配置から主曲輪が特定できないも

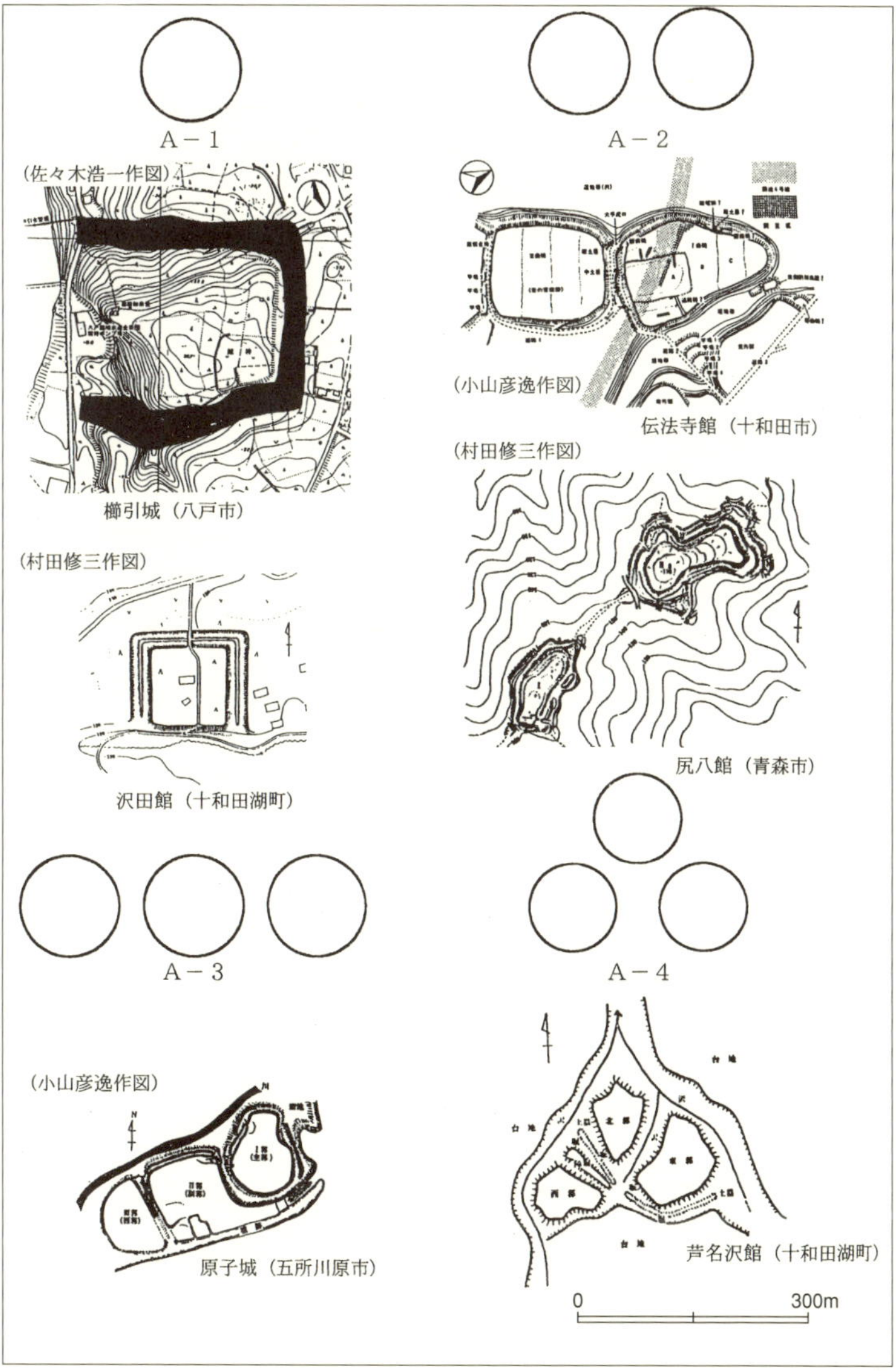

図10　曲輪配置図（1）　○は曲輪を示している。

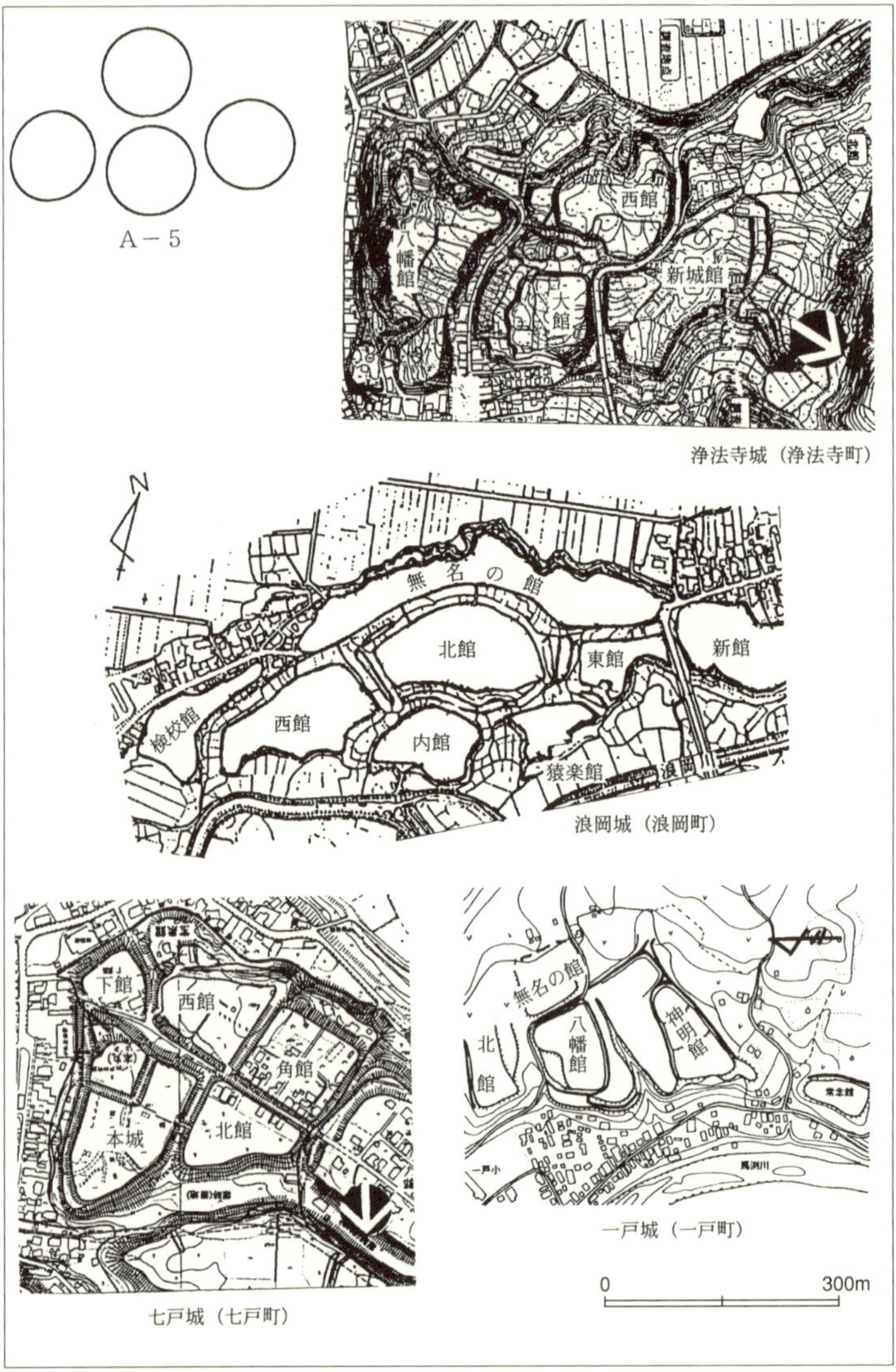

図11　曲輪配置図（2）　○は曲輪を示している。

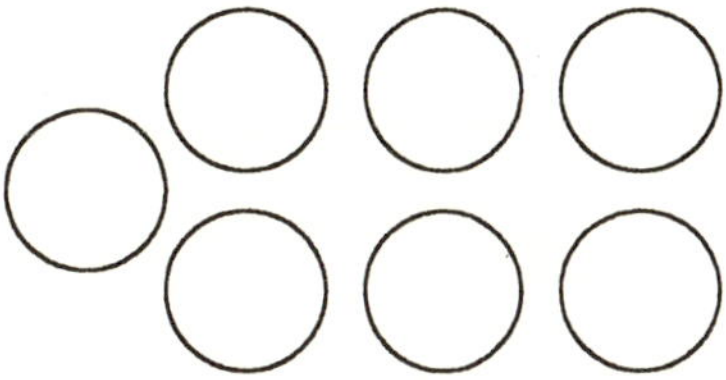

A－6

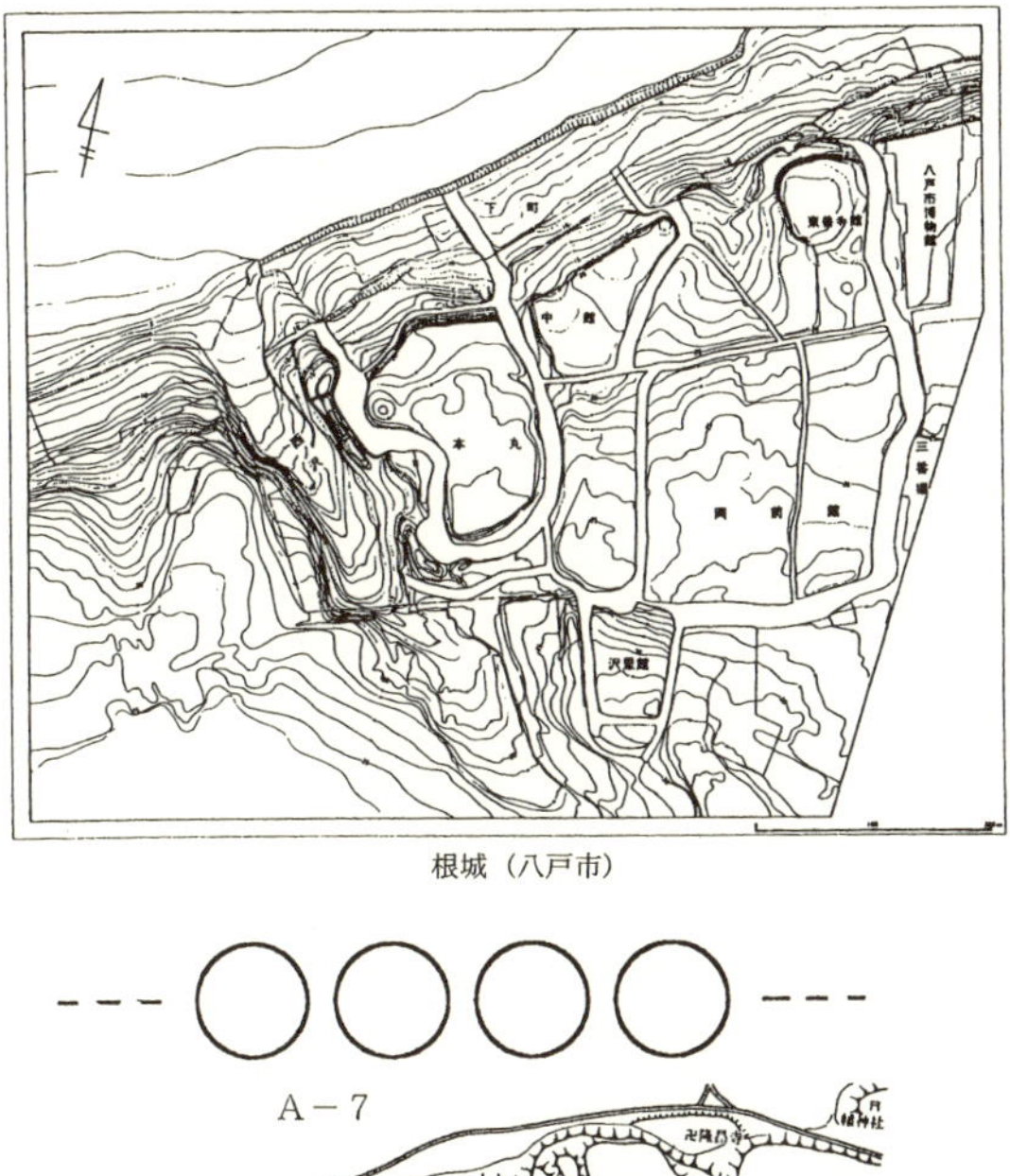

根城（八戸市）

A－7

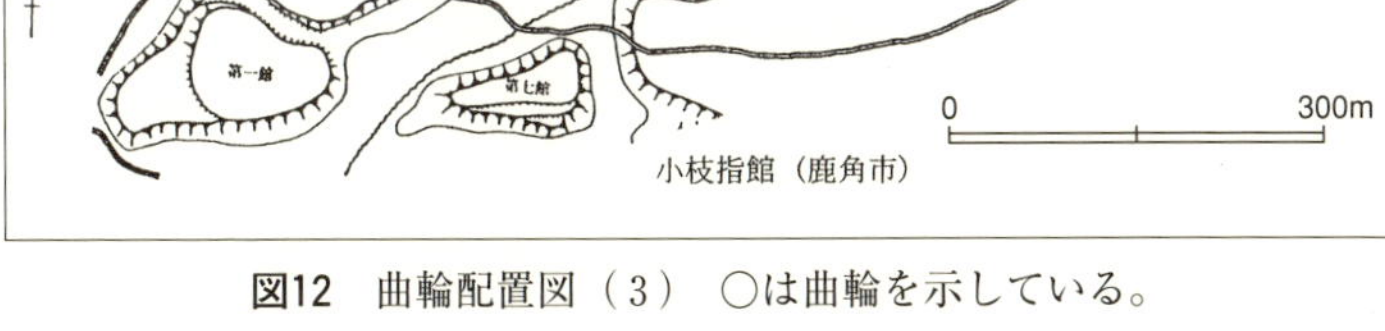

小枝指館（鹿角市）

図12　曲輪配置図（3）　○は曲輪を示している。

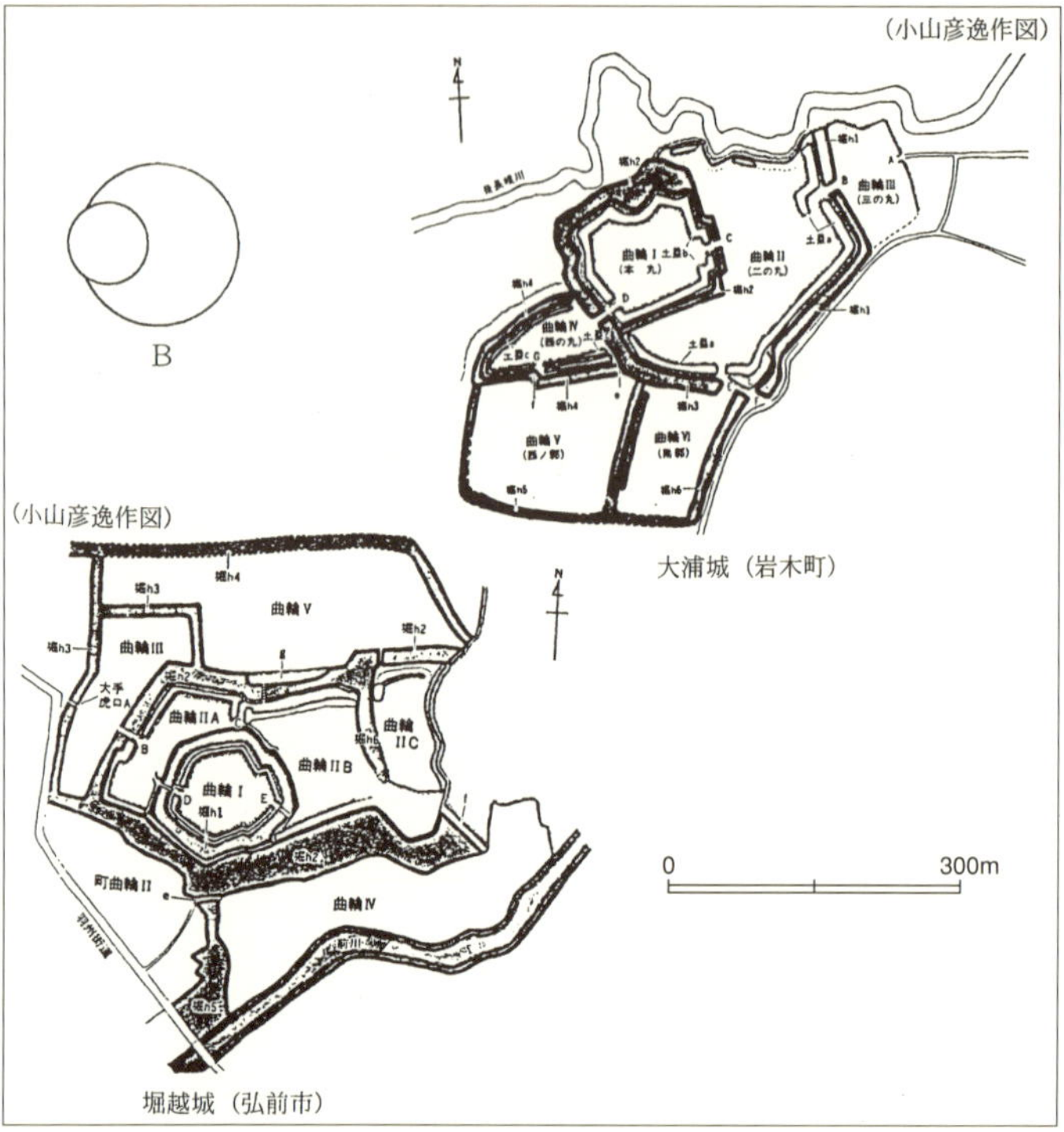

図13　曲輪配置図（４）　○は曲輪を示している。

のかと試案したことがあった（市川金丸先生古希記念献呈論文集所収「扇の要」）。図10～13にその一部を掲載したが、その要旨は次のようなものである。なお、比較資料として北畠氏の浪岡城、大浦（津軽）氏の大浦城・堀越城も掲載している。一戸城（岩手県一戸町）、浄法寺城（岩手県二戸市）、七戸城（青森県七戸町）、浪岡城（青森県青森市）は、それぞれの地域を統治する拠点となった城である。浪岡城内館、七戸城北館は発掘調査で主曲輪と考えられていることから、一戸城の八幡館、浄法寺城の大館が主曲輪であれば、扇の要の位置に相当する曲輪が主曲輪となる共通性をもち、このような曲輪配置と主曲輪の位置が根城とは異

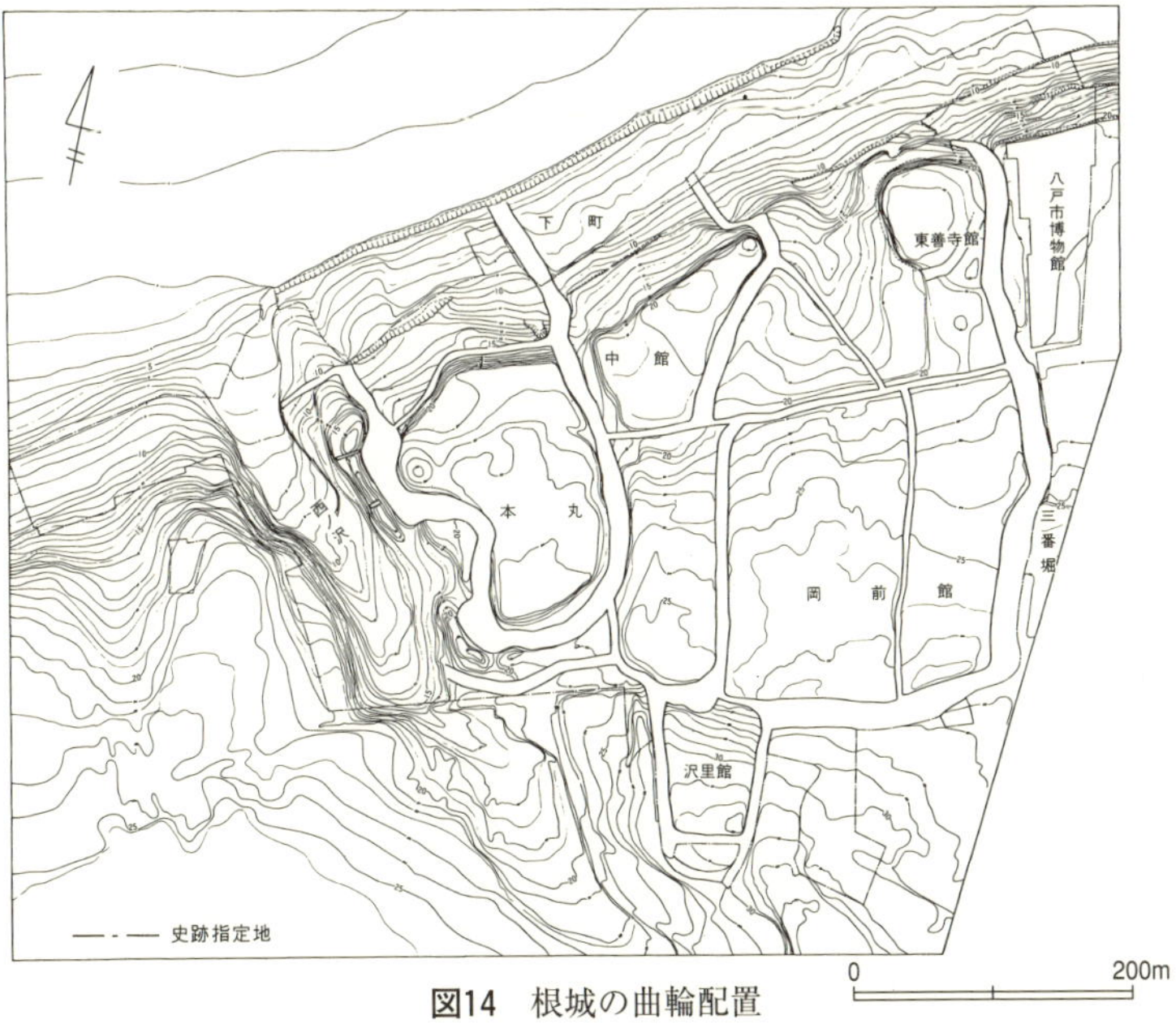

図14　根城の曲輪配置

なっているというものである。現段階では、一つの城館で主曲輪とそれ以外で遺構配置の違いが明確にされているのは浪岡城だけであり、この仮説の立証には、遺構を基にした具体的な調査事例の増加が待たれる。

　根城の場合は主曲輪が明確になっており、主曲輪から東へ二列に曲輪を配置するのは南部氏関連城館のなかでは例がなく、その規模からみても南部氏の本城タイプと考えられる。

2　根城の曲輪配置

　根城の曲輪は八つであり、主曲輪の本丸は西端に位置している。本丸の東側に中館、東善寺館、岡前館などの諸曲輪が二列に並び、沢里館は南端に出丸のように突き出ている。岡前館は東西に並ぶ三つの曲輪の総称で、これらを区画する堀は現

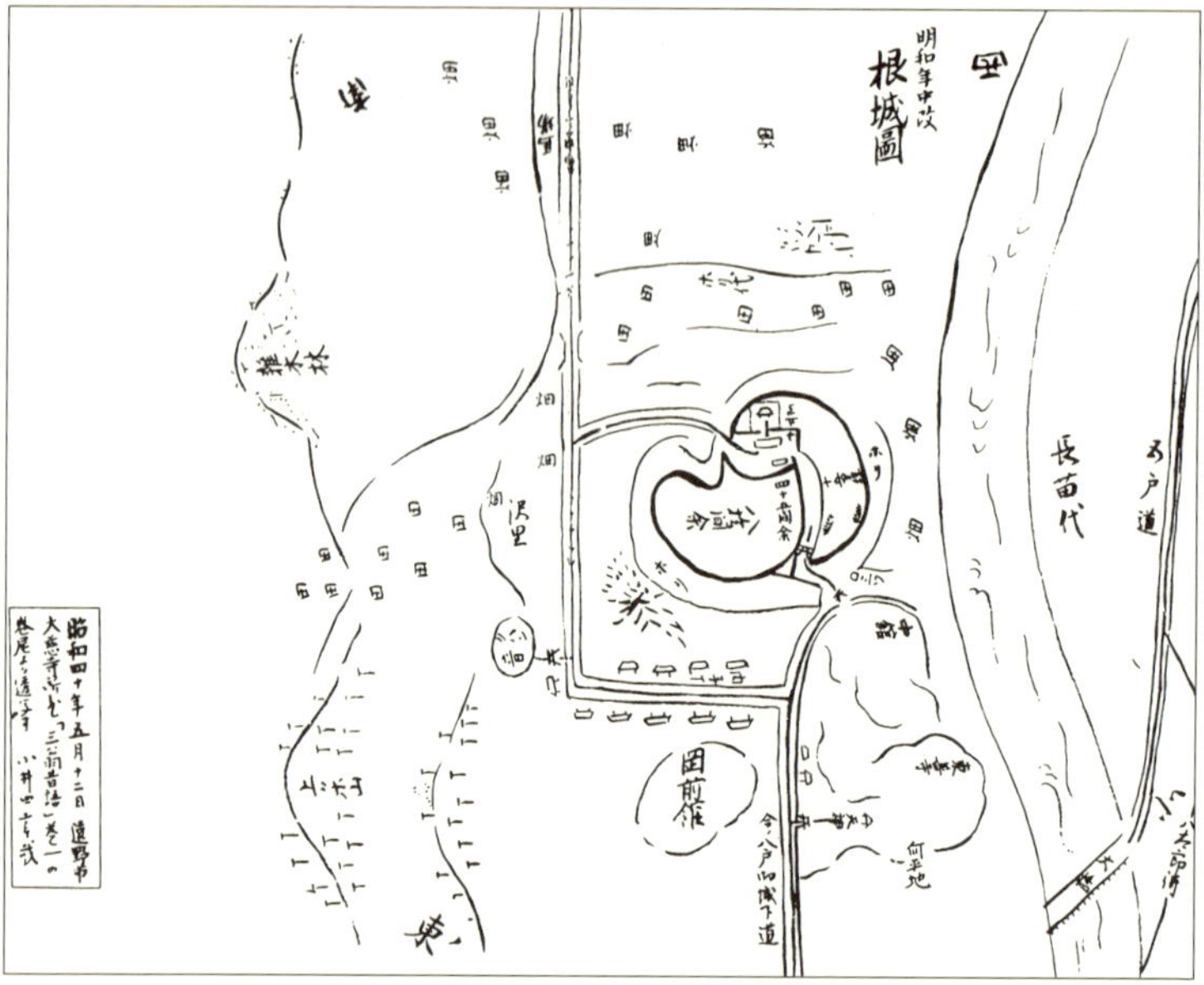

図15　明和年中の根城図　廃城後の根城。中央の本丸跡西側に建物？（祠・長床・馬屋と推定）がある。

在道路となっている。これらの曲輪群は根城が立地している段丘の大規模な沢に挟まれたなかにあり、それほどの比高差はない。

各曲輪の名称は一九四一（昭和十六）年の国史跡指定時につけられたものであり、本丸以外は明和年間（一七六四〜一七七一）に書かれた根城図に記載されている名称に由来しているが、名称のない曲輪もある。前述したように根城南部氏は一六二七（寛永四）年に岩手県遠野市に移るが、図15は八戸市の郷土史家であり、情熱的な南部氏の研究家であった小井田幸哉が、一九六五（昭和四十）年に遠野市大慈寺に残っていた「三翁昔語巻一」から書き写したものである。大慈寺は根城南部氏の菩提寺であり、根城南部氏とともに遠野へ移っている。

根城の重臣のなかには中館、沢里、岡前氏がいるが、中館、沢里館、岡前館はこれらの重臣の館

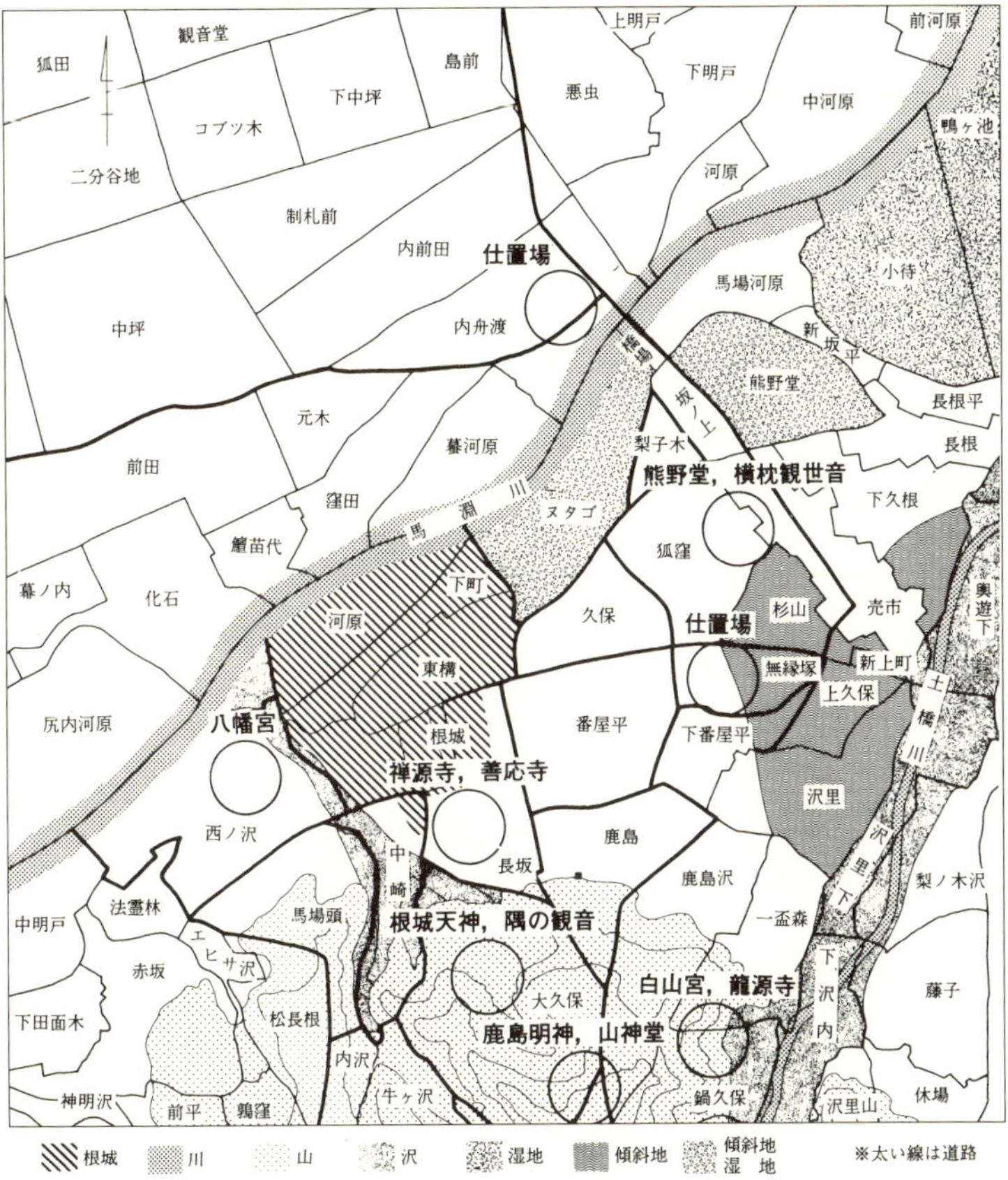

図16　根城周辺字界図　寺社は小井川潤次郎『根城とその界隈』の記述から推定

があった曲輪といわれている。重臣の曲輪の内部施設は明確ではないが、本丸で行われた重要な儀式の列座に関する記録を見ると、当主は別格ではなく家臣と同列となっていることから、本丸に隣接して重臣の館が存在していることは十分に予想される。このことについては、同属関係が重視された中世武士団のようすを色濃く残していると説明されている。

また、東善寺館は根城の祈願所であった東善寺があった場所と伝えている。

東善寺は日蓮宗であったが後に真言宗の寺となり、住僧は根城本丸で日常的に加持祈祷を行うとともに、秋田、下北、小田原などの合戦にも祈祷のため従軍している。なお、東善寺は根城南部氏の菩提寺ではなく、根城から約一〇キロ東南にあった大慈寺が菩提寺であった。

ところで、中館と東善寺館の間には呼称のない無名の曲輪が存在し、その北側には護摩堂があったという。中館と東善寺館より低いところにあり、窪んだような形状になっている。東善寺館とを分ける堀跡の調査で、堀を埋めた後に構築された溝は人骨や馬骨の捨て場となっていた状況が確認されている。溝から出土した人骨は下顎のない頭だけであり、大人の男女と幼児二人の家族が斬首後に投棄された疑いがあるとの鑑定がなされている。このようなことから、この曲輪は他の曲輪とは異なり、居住を日常としない空間であったと思われる。

各曲輪を区画する堀は基本的に薬研堀で、最も規模の大きい本丸の堀は幅が二〇～三〇メートル、深さが一〇メートルほどである。唯一の二重堀は岡前館の東から南に位置する三番堀で、全体幅が一六メートルとなっており、規模の大きい内側の堀は幅六メートル、深さ三メートルである。三番堀は「サンバホリ」とよばれていたらしいが、本丸の堀を一番、沢里館から中館に連なる堀を二番とした場合の三番堀の意味と理解されている。

本丸から東善寺館にかけての曲輪列の北側には、これらの曲輪よりも約一〇メートル低いところに下町とよばれる細長い地域がある。従来、町屋ともいわれてきたが、現在は本丸、中館、東善寺館と密接な関係がある人びとの居住地と考えられている。

また、岡前館の東側は上町とよばれ、家臣団の屋敷があったと伝えられる。上町の東端には無縁塚という地名が残っており、城館期の処刑場跡といわれている。伝承によれば根城の南側の山麓には身照寺や禅源寺などの社寺があり、近くには集落もあったという。

3　南部氏のおもな城館

南部氏関連城館は数が多いが、城跡探訪をお勧めする糠部郡の代表的な中世城館を紹介する。南から順に記載するが、これらの城館は国道四号線をたどるとすべてみることができる。また「戸」がたくさん出てくるので、間違いのないように確認をお願いすることと、聖寿寺館・三戸城の城主は三戸南部氏と紹介するが、第二章で触れたように根城南部氏とは別家である。

なお、一戸城、浄法寺城、七戸城は奥羽再仕置で破却され、九戸城は同仕置の主戦場で落城している。聖寿寺館は奥羽仕置以前に焼失し、その後三戸南部氏の本城となったのが三戸城で、近世盛岡城に三戸南部氏が移るまで存続した。一戸、浄法寺、七戸城の曲輪配置については本章第一節、奥州仕置、奥州再仕置（九戸の乱）の内容については、第五章第四節（根城の破却）を参照されたい。

(一) 一戸城

一戸城は一戸南部氏の本拠であり、岩手県二戸郡一戸町に所在している。一戸町は標高三〇〇から四〇〇メートルの山地に囲まれた盆地となっており、盆地の中央を馬淵川が流れている。城跡は馬淵川の段丘上にあり、北館、八幡館、小館、神明館、常念館、さらに無名の小規模な館からなっている。近世以降の記録によれば、十三世紀から十六世紀末まで存続していたという。山手を通る国道四号線の一戸バイパスを行くと、町を見下ろす位置に城跡はある。発掘調査は一九七九（昭和五十四）年から緊急調査や範囲確認調査が行われ、大型の掘立柱建物跡や竪穴建物跡のほか、陶磁器・金属製品・木製品（下駄、漆器、双六盤）などの豊富な遺物が出土している。なかでも雀を表した馬の焼印（鉄製）は有名で、糠部の駿馬と城館が密接にかかわっていたことが知られる。

（二）浄法寺城

浄法寺城は浄法寺氏の本拠であり、岩手県二戸市（国道四号線から少し西側にずれる漆器の町、旧浄法寺町）に所在している。瀬戸内寂聴さんの講和を聞くことができる名刹天台寺はこの地にある。城跡は町を流れる安比川に面した標高約二四〇《メートル》のシラス台地上に立地し、立体感のある曲輪配置となっている。北西を除く三方が比高約四〇《メートル》の断崖となっており、八幡館、大館、新城館、西館、北館の各曲輪が南北に並ぶ。堀は全体に大規模で、大館の南西側は二重堀となっている。

一九九六（平成八）年から城跡の遺構確認調査が継続されており、十四世紀から十六世紀の遺構・遺物が確認されている。

（三）九戸城

九戸城は南部氏の傍流である九戸氏の本拠であり、岩手県二戸市に所在している。この城は一五九一（天正十九）年、豊臣秀吉の奥州再仕置で襲来した上方軍と三戸南部氏の連合軍によって攻め落とされている（九戸の乱）。落城後、上方軍の蒲生氏郷によって改修され、南部氏関連城館特有の曲輪配置をもった九戸城の主要部は、直線、矩形をプランの基本とし、石垣や枡形虎口を備えた

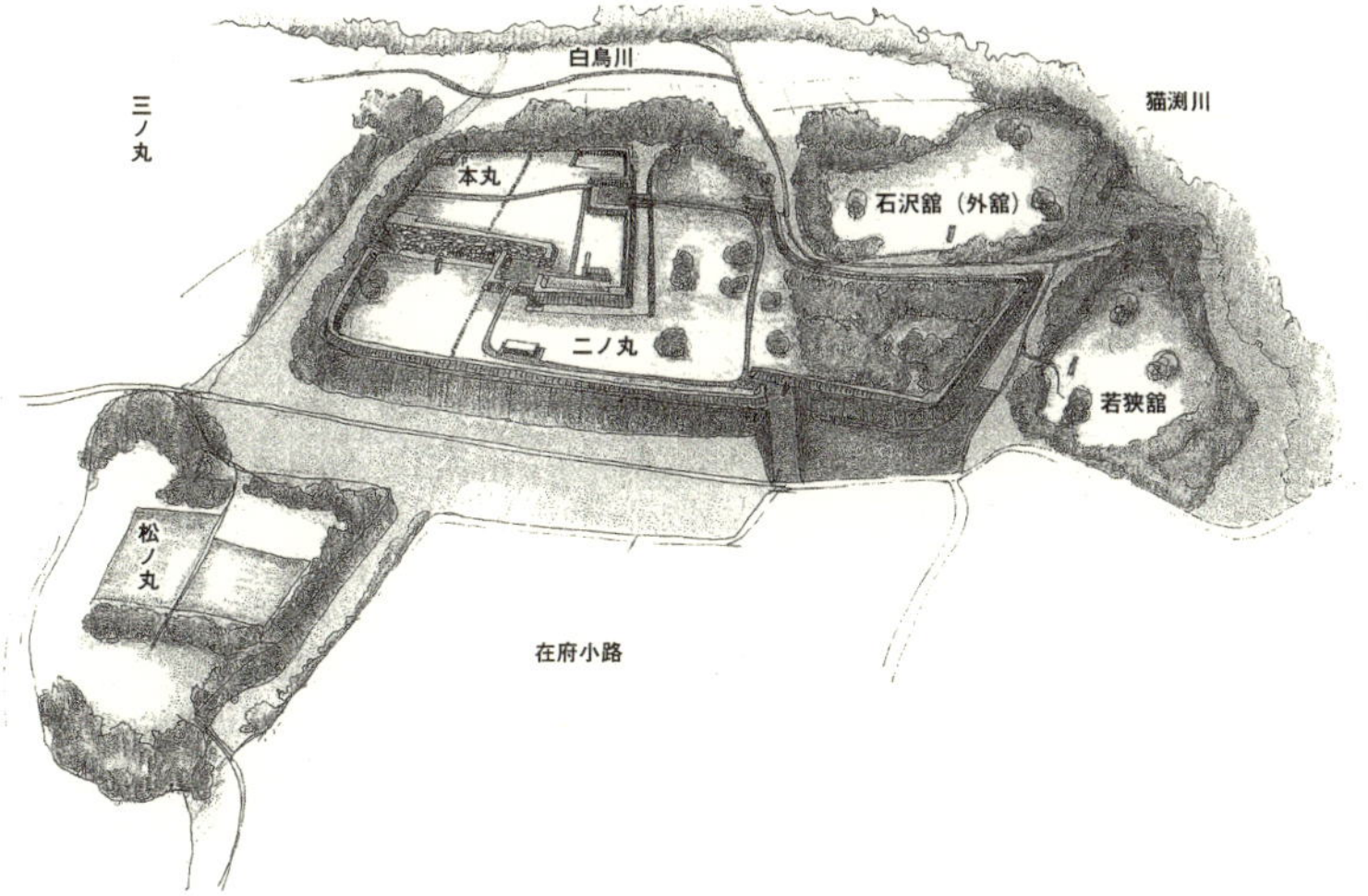

図17　九戸城俯瞰図

近世城郭（福岡城）に変貌する。変貌した本丸の東側には在りし日の九戸城の名残を残す石沢館や若狭館があり、まったく様式の異なる曲輪が混在している。

発掘調査は本丸や二ノ丸を中心に、一九八九（平成元）年度から継続的に行われている。発掘調査を基にした史跡整備は、石垣の補修や堀の復元を中心に進められている。ボランティアガイドの説明もあり、ゆったりとした史跡探訪ができる。

（四）三戸城

三戸城は三戸南部氏が中世末に本拠としたところで、青森県三戸郡三戸町に所在している。地元では城山とよばれ、桜の名所となっている。この城は馬淵川と熊原川の合流点の独立丘陵に立地し、本丸で水田面との比高差が九〇メートルある。一五

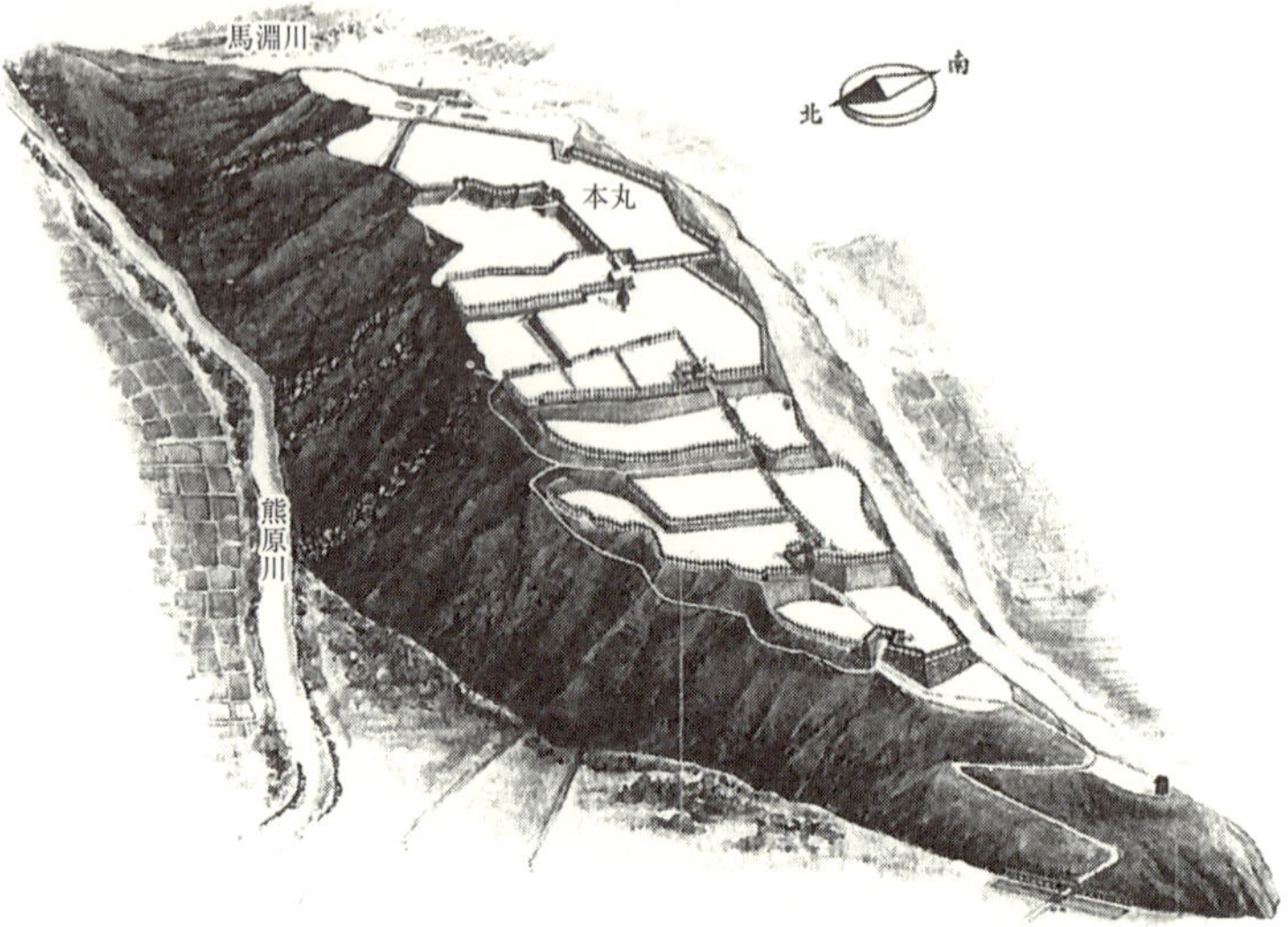

図18　三戸城

三九（天文八）年、それまでの本拠であった聖寿寺館が焼失し、その後に築城されたと伝えられ、一五九一（天正十九）年の九戸の乱後、三戸南部氏が三戸城から福岡城（九戸城）へ移り、盛岡城を本拠に定めたことにより、三戸城は本城としての役目を終えた。城の中心となる大御門の西側は家臣団の屋敷地、東は城の主要部で本丸、谷丸、淡路丸が連なる。

三戸城の特徴として、門跡や曲輪の要所に残る石垣が挙げられる。石垣は川の護岸工事などの石材として搬出されてしまい、完全な姿で残ってはいないが、石の積み方で三時期に分かれると考えられている。

遺構確認のための発掘調査が二〇〇四（平成十六）年度から行われ、新たな石垣や鍛冶作業場などが検出されている。継続的な調査が期待されている。

図19　聖寿寺館跡

（五）聖寿寺館

聖寿寺館は三戸城へ移るまで三戸南部氏の本拠とされ、青森県三戸郡南部町に所在している。鱒沢と猿辺川の河岸段丘上に構築されており、現在主曲輪を中心とした一角が国指定史跡となっている。聖寿寺館はもともと三戸城といわれていたが、城の移転とともに、菩提寺である聖寿寺が近くにあったことから現在の名前でよばれるようになったという。聖寿寺は後に盛岡へ移り、その跡地が現在の三光寺である。その境内には三戸南部家二六代信直夫妻の墓と、二七代利直の霊屋、その四男である利康の霊屋（国重要文化財）がある。深く切り込んだ堀跡や削平段がみごとに残っており、周囲の地形も中世以来それほど改変されていない。

発掘調査は主曲輪を中心として一九九四

（平成六）～二〇〇一（平成十三）年に行われ、掘立柱建物跡や竪穴建物跡が検出されている。出土遺物は多様で、青磁の酒海壺、瑠璃釉の磁器のような高級品や、地方色のある骨角製の中柄などがみられる。中柄は矢尻と矢柄をつなぐ道具で、アイヌの弓矢に多く使われていることから、アイヌの人たちとどのようなかかわりをもっていたのかが注目されている。

（六）七戸城

国指定史跡七戸城は七戸南部氏の本拠であり、青森県上北郡七戸町の中心街に隣接している。この城は作田川の河岸段丘上に本丸、北館など九つの曲輪が配置され、三度にわたる落城の記録があるものの廃城になることはなく、十四世紀から十六世紀まで存続していたとされる。本丸と命名されている曲輪からは七戸の町がのぞめ、ここには近世盛岡藩の代官所が設置されていた。

発掘調査は史跡整備にともない一九九一（平成三）年から北館で実施されてきており、大型の掘立柱建物跡や竪穴建物跡など、多くの遺構が検出されている。出土遺物も豊富で、遺構・遺物の内容から、従来重臣の居住する曲輪とされてきた北館が、主曲輪ではないかと考えられてきている。二〇〇六（平成十八）年三月に北館の本報告書が刊行されており、一四期にわたる遺構変遷が明らかになっている。

Ⅳ　根城の発掘調査

一九七二（昭和四十七）年に東善寺館の堀、西ノ沢、三番堀で、根城の買上げを視野に入れた遺構の確認調査が岩手大学によって実施されているが、八戸市教育委員会による本格的な発掘調査は一九七八（昭和五十三）年からで、本丸、中館、東善寺館、東構地区、岡前館、下町、西ノ沢地区、三番堀で行われてきている。

本丸は復原整備にともなう調査であり、岡前館と下町は住宅建築等の現状変更、東構地区は八戸市博物館建設にともなう緊急発掘調査であり、それ以外は史跡公園整備のための遺構確認調査である。

八戸市教育委員会が行ってきた各種調査は表3のとおりである。

1　本丸の発掘調査

本丸は根城の主曲輪であり、廃城になるまでの約三〇〇年間、一貫して主曲輪であった。面積は約一万七〇〇〇平方メートルであり、ほぼ平坦な曲輪の北端には、築城当時からあるといわれる大いちょうが聳えている。本丸の発掘調査は補足調査まで

表3　根城の発掘調査一覧

調査地区	調　査　年　次	目　　　　的
本　丸	昭和53〜60 昭和61〜平成1	復原整備のための発掘調査（平場） 復原整備のための補足（虎口、堀、橋）
中　館	昭和61〜63 平成5年	整備のための遺構確認調査（平場、帯郭等） 整備のための遺構確認調査（堀、平場）
東善寺館	昭和63、平成3〜5	〃
東構地区	昭和56、57	八戸市博物館建設のための発掘調査
岡前館	昭和53〜（継続中）	指定地内の現状変更にともなう遺構確認調査
下　町	昭和63 平成5、7〜10	整備のための遺構確認調査（遺構の有無、堀） 指定地外の住宅建築等にともなう緊急発掘調査
西ノ沢	昭和62	整備のための遺構確認調査（堀の構造と通路）
三番堀	平成元、8	現状変更にともなう遺構確認調査

図20　根城のシンボル・大いちょう

含めると一二年間実施された。発掘調査の詳細は本報告書『根城―本丸の発掘調査』を参照していただくこととして、ここではおもな遺構・遺物の概要を紹介する。

発掘調査により曲輪全域からおびただしい数の

図21　発掘前に本丸で行われた地鎮祭（1978年）

遺構が検出されたが、その数は塀跡二三三列、門跡一九棟、掘立柱建物跡三五四棟、礎石建物等五棟、竪穴建物跡八二棟、井戸跡九基、溝跡五五条、土坑三六六基、墓九基等である。根城の城館期の建物は御殿も倉庫も掘立柱建物であるが、この柱穴が本丸では約二万個検出されている。

とりわけ主殿地区の柱穴は径六〇センチ、深さ一メートルほどもあり、一個の柱穴を掘るのが一日がかりとなるほどの重労働であった。竪穴建物は竪穴住居のような建物跡で、北東北から北海道南部の城館では一般的に検出される遺構である。規模は大小あるが、掘立柱建物とともに城館の施設として主要なものである。

曲輪内には盛土整地層が存在するが、多くの遺構は地山面で一斉に確認される。中世はもちろんのこと、縄文、弥生、古代、そして近世の遺構が交じり合って、調査担当者の前に姿を現すのであ

図22　東善寺館遠景　森になっているところに東善寺があったという。

る。とりわけ柱穴は、隣接して何度も掘られたために個々の柱穴ではなく、何メートルもつづく溝が何列もあるように確認された。もちろん、史跡整備であるため城に関連する遺構の調査を原則としたが、柱穴の確認のため古代の住居までは発掘の対象とせざるを得なかった。

これらの遺構は後に、主殿や奥御殿、常御殿のほか、門、柵、木橋、工房、倉庫、馬屋などと推定されたが、台所、便所、湯殿については明確にすることができなかった。本丸では一六回の大きな建替えがあることや、南部氏が居城する以前の屋敷跡の存在も明確になっている。また、虎口部分の調査では、豊臣秀吉の命によって行われた城割りの実態が明らかになっており、根城の城割りの目的は、当主の居住施設はそのままにして、門、堀、柵といった城を象徴するような施設を破壊することであったと考えられている（根城の破

図23　本丸の遺構検出状況

却については第五章の四節を参照)。

本丸で検出された主要な遺構・遺物の概要は次のとおりである。

(二) 盛土整地

八カ所で盛土整地を確認したが、これらの盛土は曲輪全体を覆うものではない。盛土と地山面の範囲の比率はほぼ同じであり、盛土には平場の地形を整えるものと、古い遺構を完全に覆って新たな建物を構築するためのものがある。平場北側の一・二・五・六区盛土では、北側に傾斜していた地形を平坦にするため三メートルほどの盛土をしている。一三区盛土は虎口を完全に封鎖する地業であり、城の破却にともなう行為と考えられている。二二区盛土は削平地を埋め戻す一・二メートルの厚さの整地層であり、年代差か一時期の作業の工程差かは明確ではないが、トレンチの土層観察で五枚の整地層が確認されている。

曲輪の中央部にある一一・一二区盛土は主殿建設にともなう整地層であり、最も厚いところで六〇センチある。盛土地業はそれほど整然としたものではないため遺構面の確認が難しいが、地山の遺構面の上に、少なくとも四回の盛土整地がなされたと考えられている。主殿はこの地区で一七回建てられているため、主殿建設と盛土整地がかならずしもセットとして行われた工事ではなかったことが知られる。むしろ、この地区の盛土整地は、なんらかの要因にともなう特別の地業であったとも考えられる。

以上がおもな盛土整地であるが、これ以外はそれまでの遺構を埋め、新たな建物を構築するための一時期の地業である。盛土部分については遺構保護のため、最終遺構面までの掘り下げは実施していない。

図24　本丸虎口の調査

(二) 外周柵・塀跡

外周柵

本丸平場の外縁総長は約四〇〇メートルであるが、この外縁の内側一・五メートル前後の位置に柵跡が検出されている。曲輪の東と西で一部消失しているが、本来全周していたと思われる。

柵は低い土塁の頂部を布掘りし、柵木を据えて根固めをするという工法である。布掘りの溝は幅約五〇センチ前後、深さ九〇センチ前後であり、底面から柵木の柱痕が検出された。柱痕の径が一〇センチ前後と二〇センチ前後があることから、子柱と親柱の存在が想定されている。

図25　外周柵跡

図26　門跡（本丸北側）
親柱２本の門が６回建てられている。

塀跡

掘立柱建物跡と重複して、塀跡と思われる二三三の柱列が検出されている。ほとんどの場合、掘立柱建物の柱穴より規模が小さく、柱痕が残る例は少ない。柱間寸法がそれほど整っていないことから、幅が規格化されていない板材が使用されていたと推定される。つまり、縦板何枚かで一本柱を立てるという工法で、板の幅が規格化されていないため柱間がそれぞれ異なると考えられる。主として平場の区画に使用され、性格の違う建物や空間を分ける意図があったと推定された。

(三) 門跡

門跡は曲輪の北、東、西端部で一九棟検出されている。すべて親柱二本からなり、控え柱が確認されたのは一棟のみである。これらのなかには表門と裏門との関係で、同時期に存在したものもある。

門の向きは堀に対面するものと堀と平行になるものがあり、全体としては前者が多い。柱穴の深さは二〇《センチ》から一《メートル》を超えるものまであり、柱痕は角の場合一辺三〇～四〇《センチ》、丸では径二〇から

図27　本丸虎口

三〇センチほどである。柱間寸法は七尺（二・一二一メートル）〜一五尺（四・五四五メートル）までであるが、九尺（二・二七二メートル）が最も多い。門柱に取り付く塀や、通路、門柱の間に敷いた蹴放ちを設置したと考えられる溝が確認された例もある。

堀に対面する門と掘と平行になる門が、かならずしも単独で存在するものではないことは次の虎口の例から知られる。

（四）虎　口

虎口の構造が明確になったのは一例のみである。本丸北東端で検出された虎口は、二つの門、通路、柵、塀、橋からなり、一五九二（天正二十）年の城破りで実施されたと推定される厚い盛土で完全に覆われていた。

本丸と堀を挟んで東に隣接する中館とは橋が架けられていたが、橋脚は本丸側のみで検出されて

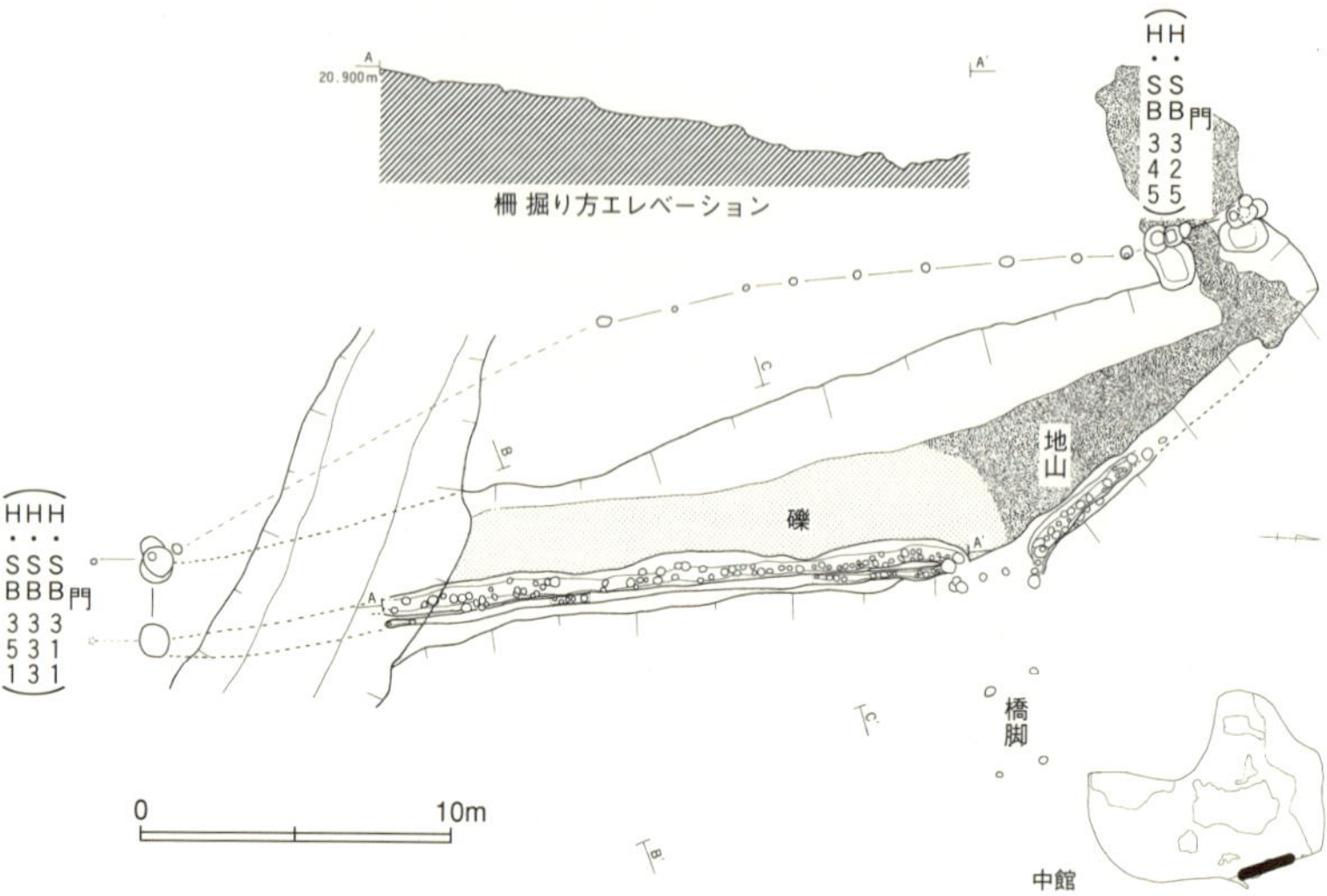

図28　虎口および通路跡

いる。このため構造的に、中館から本丸へは登り勾配となっていたと考えられている。中館から橋を渡ると、本丸法面中腹を削平した通路に到達する。この通路は橋から二手に分かれ、双方上りきった平場の端には親柱二本の門がある。北側の門は堀に対面し、南側は堀と平行方向に開口する。南への通路は砂利敷きで、北側は地山となっており、路面の仕様が明確に異なっている。通路の堀側には三時期にわたる布掘りの柵があるが、柵木痕はかなり密に検出されている。平場端部には二つの門をつなぐように、塀と考えられる柱列がある。

検出当時、発掘現場を訪れた城郭研究者から「二股になる虎口はない。時期が違うはずだ」とコメントされたこともあったが、担当者として「ないという結論がどこからくるのかわからないが、現実にここにあり、盛土の下から一連で検出

図29　本丸主殿地区の柱穴跡

されたから時期も間違えようもない」と反論したことが思い出される。

(五) 掘立柱建物跡

検出された掘立柱建物跡は三五四棟である。これらは後に、規模や間取りなどの検討から、主殿などの御殿をはじめとする各種施設に分類された。現場では建物跡を調査しているという感覚はほとんどなく、毎日が柱穴との戦いといった方が正しいかもしれない。とりわけ主殿地区は建替えが激しく、一平方《メートル》に一〇個程度の柱穴で、足の踏み場もないような状態であった。

柱穴　柱穴の掘り方は長径三〇から八〇《センチ》で、深さは浅いもので一〇《センチ》前後、深いもので一《メートル》程度である。柱そのものが残っていることはほとんどなく、柱の規模は柱痕で確認した。柱痕は柱が抜かれるか、腐ったあとに入り

図30　主殿域

図31　奥御殿域

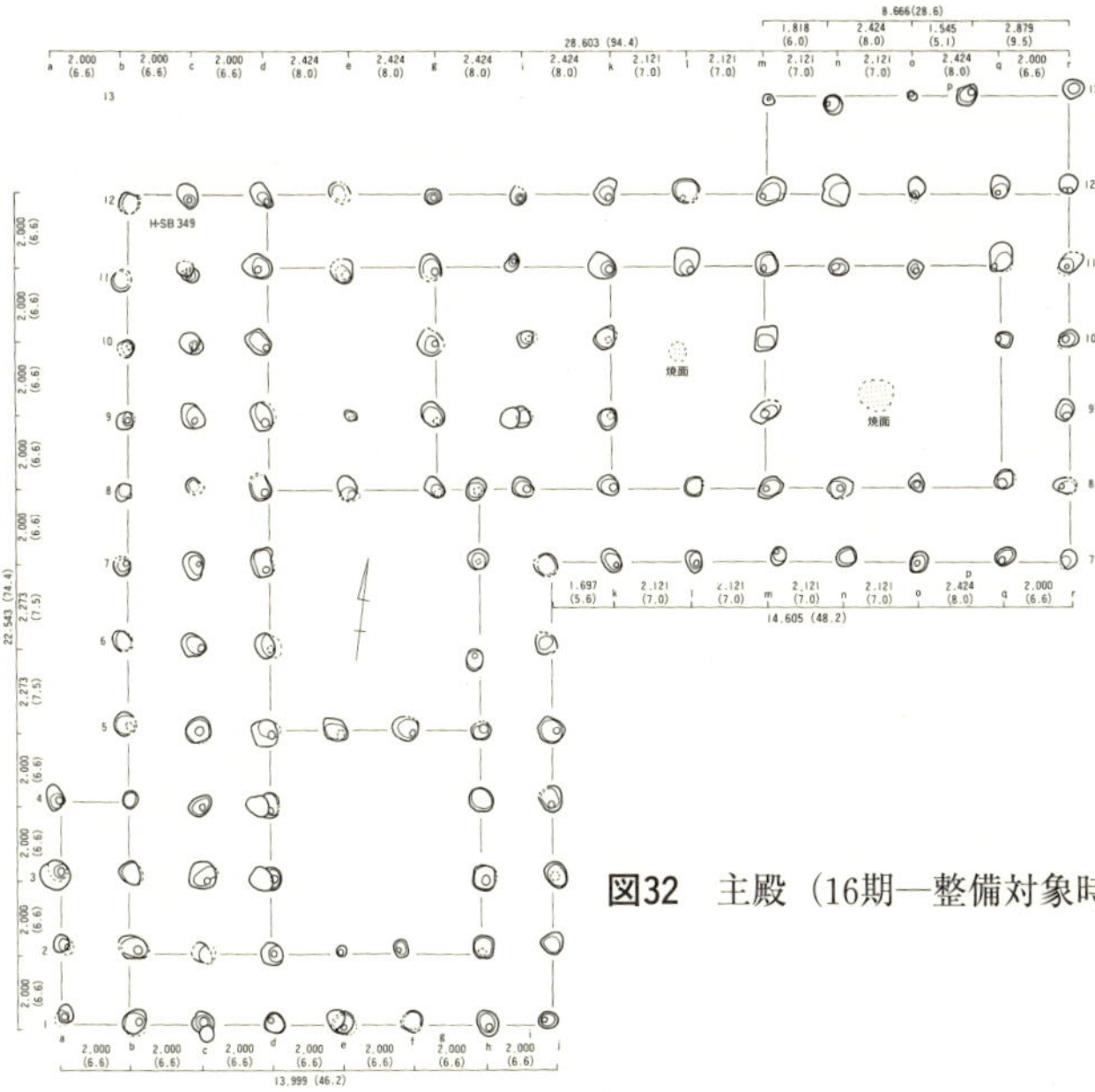

図32　主殿（16期―整備対象時期）

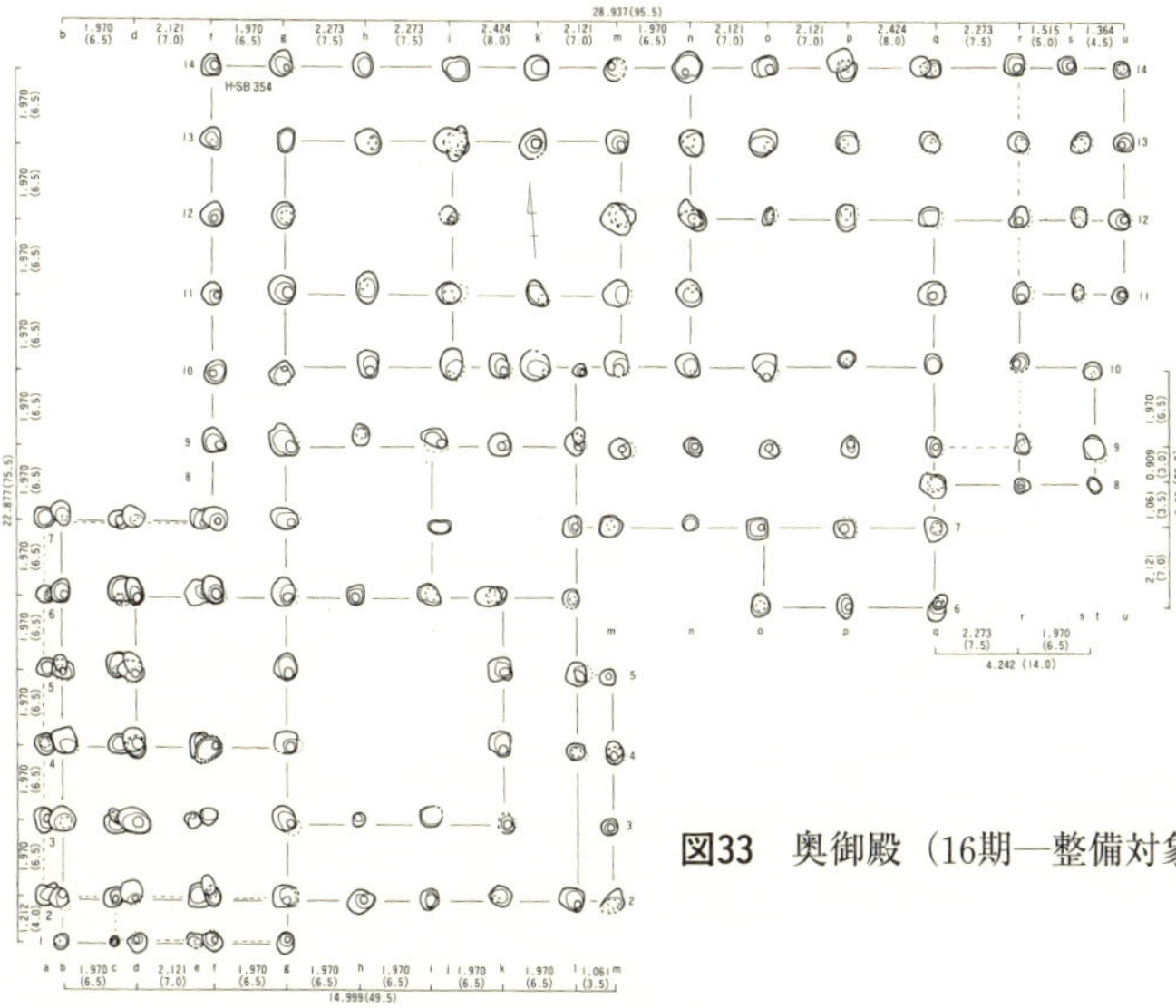

図33　奥御殿（16期―整備対象時期）

込んだ土の色や堅さによってわかる場合と、柱穴の底面の堅さや窪みによって確認できる場合がある。

柱痕は長径一五から二〇センチ（御殿の場合は三〇センチ近い）の丸形が多く、角形はきわめて少ない。柱穴に残った柱痕は丸でも地上部は角と考えられるため、丸形の柱痕をもつ柱の地下部を切り落とした角材を転用した可能性もある。

なお、間取りや柱穴規模等の検討から、建物にともなう確実な束柱はないと考えられている。

柱穴の調査方法

柱穴は新旧関係と柱痕を検出するため、埋土を五センチ程度（以後一段という）の厚さでスライスするように掘り下げていった。このとき重複している柱穴すべてを最初に確認し、全体を一段下げるようにした。この段階で新旧関係が確認できるものもあるが、これを頭から信用せずもう一段下げる。二～三段下げて新旧関係が変わらなかったら、その段階ではじめて掘り下げを本格的に開始した。

柱穴の新旧関係は微妙で、掘り下げる過程で新旧関係が逆転して見えることがある。少しずつ下げながらその過程を観察していくようにし、確認の段階では二個に見えたが実は一個であるとか、柱の抜き取り穴があるかなどを書きあがった図面にチェックしていった。大きな柱穴には、建替えのときに柱を抜くための抜き取り穴が付随している場合が多く、確認段階では二個の柱穴に見えるが、抜き取り穴は柱穴ではないので区別しておいた。

柱の据え方

柱穴に柱を据えるには次の三つの方法がある。

①柱穴の底に据える。
②柱穴をある深さまで埋め戻したところに据える。

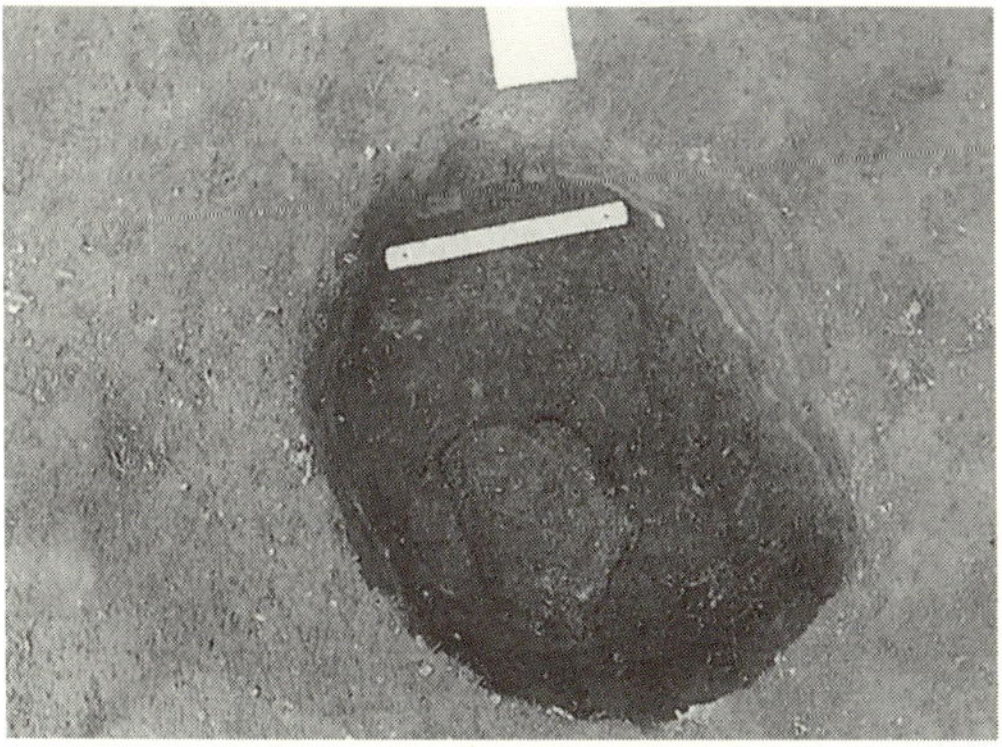

図34　柱穴（中の○が柱痕）

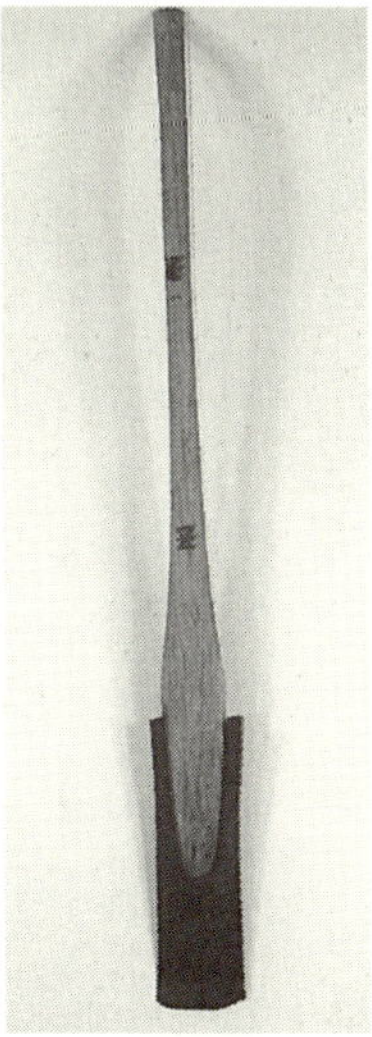

図35　柱穴を掘ったと考えられる道具

③柱穴の底から柱部分だけ再度掘ってから据える（または柱穴の底に柱を打ち付けて窪ませてから据える）。

これらは同じ建物跡のなかでみられることから、梁・桁を架構するときに柱の高さを調整していたことがうかがえる。

柱穴・柱の大きさ　柱穴や柱の大きさは建物規模によって異なるが、一般的に建物規模が大きいほど、柱穴・柱も大きい。

柱間寸法　柱間寸法は五から一〇尺がほとんどであるが、主体となるのは六・五、六・六、七尺である。六・六尺という特別な寸法は主として主殿にみられ、梁・桁の両方あるいはどちらか片方に使用されている。また、一棟の建物でも梁と桁の寸法が異なるものや、一つの部屋で異なる寸法を用いている例もある。とくに後者は小型の建物で比較的多くみられる。御殿のような大型の建物では柱間寸法が定まっているのに対し、倉庫のような小型の建物では一間一間寸法が異なっていることが多い。後者の場合、梁行何間、桁行何間というような全体規模を決め、揃った部材によって調整された結果が柱間寸法となったと推定される。

建物の形式　規模は一間×一間から五間×二二間の建物まである。御殿のような大型の建物では四間（二×二間）、六間（二×三間）、八間（二×四間）、九間（三×三間）の部屋を組み合わせて配列し、庇をまわしている。主殿では、南部氏以前の建物は四面庇の要素を残す寝殿造系の建物であるが、その後はしだいに直屋から曲り家風へと書院造系の建物に変化していることが確認されている。

建物の建替え　建物の建替えはかなり頻繁で、主殿地区では一六回確認されている。同じような建物を建て直すときでも位置を少しずらして、すべての柱穴を掘り直している。使える柱穴は再利用すればよいと思うのだが、主殿であれば一〇〇個ほどの柱穴を、近年よく耳にする費用対効果などお構いなしにひたすら掘っている。主殿を建てるということは当主にとって、晴の儀式であったことを実感させられる。

(六)　竪穴建物跡

竪穴建物は本丸から八二棟が検出されており、掘立柱建物跡と同じように何度も建替えられている。このことは中館、岡前館、東構地区でも同様であり、各曲輪内の主要な施設となっている。

この遺構は長方形に地面を掘り窪め、柱を建て、屋根を架ける建物であり、外見上は掘立柱建物と遜色がない。方形に掘り込む主屋部に、多くは舌状の出入口が付く（八二棟のうち六二棟）

図36　大型竪穴建物跡の発掘状況

が、竪穴住居と違い居住用の施設ではなく、工房、鍛冶工房、納屋、土室などの用途が想定されている。

この遺構は検出数の多寡は別としてほぼ全国的に見られるようであるが、舌状の出入口をもつものは北東北から北海道南部でよくみられ、掘立柱建物とともに城館の主要な施設となっている。とりわけ本丸で検出された、長辺が一〇《メートル》ほどになる大型の竪穴建物跡の検出例はそれほど多くはなく、岩手県花巻市の古館遺跡、青森県南部町の聖寿寺館でみられる。

堅い地山を掘り込む作業量は相当なものであり、同じ規模の建物を建てるのであれば掘立柱建物の方がはるかに効率的である。「なぜ竪穴にするのか」という問いに対する明快な答えをいまだもちあわせていないが、埃を嫌う漆を扱う工房であるため、竪穴建物で作業する職人と武士の身分

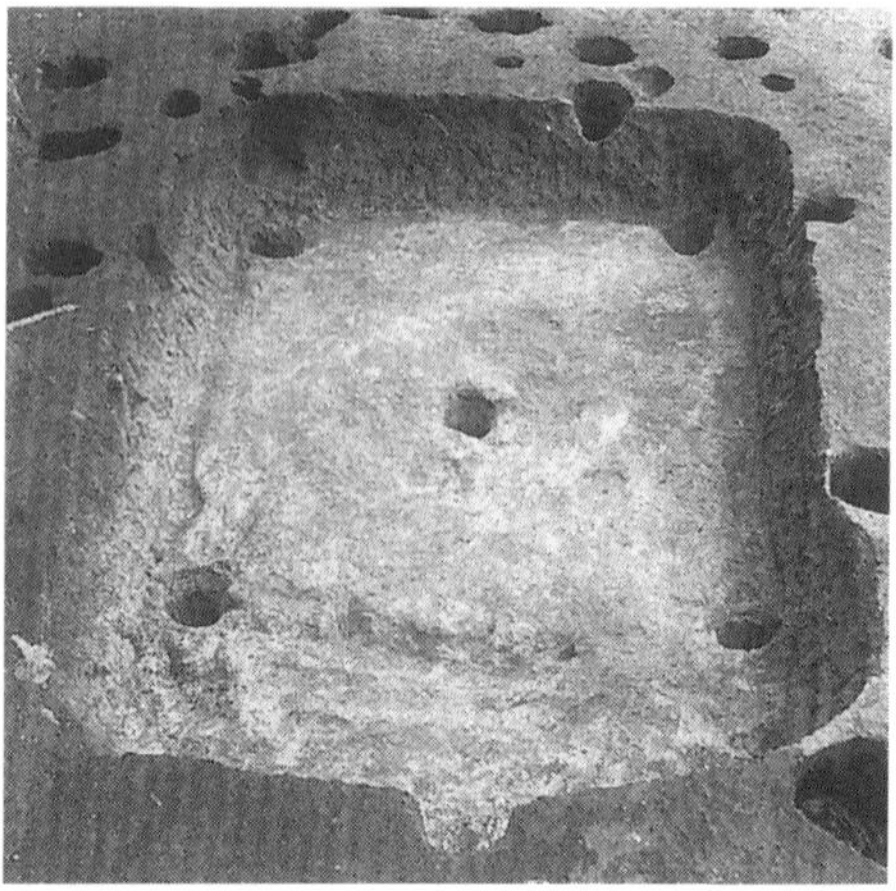

図37　小型の竪穴建物跡（一辺３ｍほど）

差を明確にするためなどの説がある。

また、柱配置の検討から竪穴建物と大型の掘立柱建物では建築に携わった人（職人）の職種が異なっていることも推定されている。

平面規模

長さは三～一四《メートル》、幅は二～六《メートル》であり、掘り窪める深さは七～一三〇

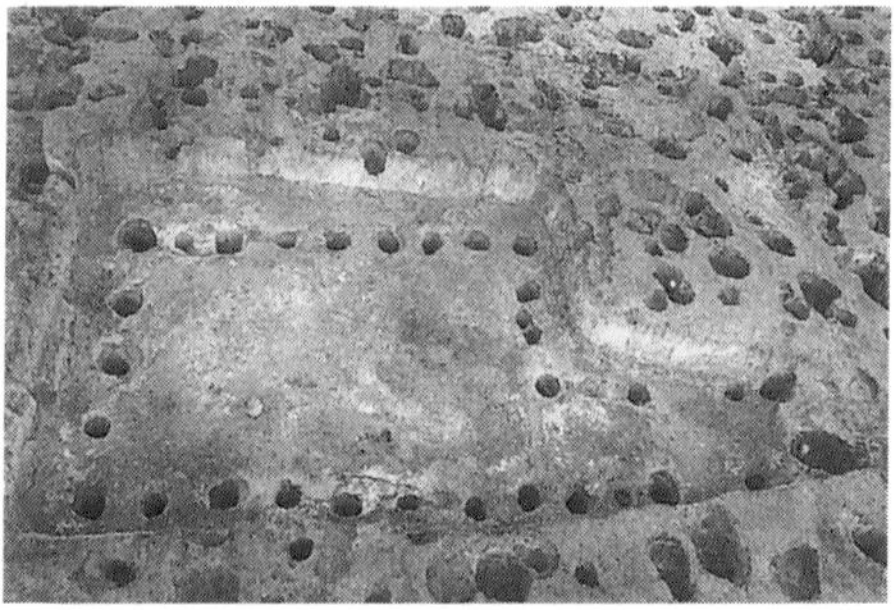

図38　中型の竪穴建物跡（長辺６ｍほど）

《センチ》である。長さ一〇《メートル》前後が大型、六《メートル》前後が中型、三《メートル》前後が小型とするのが一つの目安である。大・中の建物は掘立柱建物に近い位置にあって建替えが多いのに対し、小の建物は平場の端に並んで検出されるという特徴がある。

柱穴

柱穴は基本的に竪穴の壁際にあるが、その間隔はそれほど整っていない。なかには中央に棟持ち柱や、間仕切り柱をもつものもみられる。柱穴は長径二五～七〇《センチ》で、深さは浅いもので一〇《センチ》前後、深いもので一五〇《センチ》ほどである。柱痕は径一〇～三〇《センチ》の丸形で、掘立柱建物跡と同様に径一五～二〇《センチ》が多い。柱の据え

方も掘立柱建物跡と同様であるが、柱穴のなかに扁平な石を礎石のように置く例、柱穴を掘らずに柱を打ち込むものも少数ではあるが確認されている。

平面形・柱間寸法

主屋の桁行き一〜一三間、梁行は一〜六間までと多種にわたるが、梁行に関しては二〜四間が多い。柱間は梁・桁とも不規則であるが、梁行は〇・四メートル（一・三尺）〜二・一三メートル（七・一尺）であり、桁行は〇・三メートル（一尺）〜二・四三メートル（八・一尺）である。竪穴建物は小型の掘立柱建物と同様に、だいたいの規模は決めているが柱の位置は現場合わせで行っていると考えられる。御殿とは異なる人たちによって建てられたものであろう。

竪穴建物の用途

用途を推定することができる資料は少ないが、瓦質の風炉、武器・武具類の部品、金具類、鉄素材が床に置かれた状態で出土していることから、本丸に常備してあるこれらの道具の修理や部品の製作をしていた工房や鍛冶工房と考えられている。

なお、小型の建物は深さや柱配置が一定せず、性格づけの根拠に乏しいが、納屋や土室のようなものが想定されている。

遺構の分類と用途

竪穴建物は規模でⅠ類とⅡ類の二つに大別される。Ⅰ類の定義は〈柱間は桁行総長一六尺以上、梁行総長九尺以上。竪穴の掘り方では桁行総長一七尺、梁行総長一一尺以上のもの〉。Ⅱ類の定義は〈柱間・掘り方とも桁行一四尺以下、梁行一二尺以下のもの〉である。

そして、竪穴建物の用途を推定できる出土遺物が少ないことから、岡前館、東構地区の検出例を加味して、次のように性格づけられている。Ⅰ類で床面に炉跡（焼土面・炭化物）があるものは、東構地区の出土例で鉄釘、鉄滓、木炭、鞴の羽口がみられることから、鍛冶に関連する施設と推定されている。また、Ⅰ類で床面に炉跡（焼土面・炭化物）がないものは、本丸の出土例で鎧の小札や冠板、鉄製品、銅素材としての銭貨がみられることから、武器・武具の修理や部品の製造を行った工房的な施設としている。

　また、本丸からは刳りもの作製用の鉋や、曲げ物用の木鋏、麻の繊維を取るための苧引鋸なども出土しており、このような作業も竪穴建物内で行われていたことが想定される。

　さらにⅡ類については、Ⅰ類と同様に鍛冶工房や工房に使われたと考えられるもののほか、納屋、仮設住居などが想定されるものの、決め手に欠ける建物がある。

（七）井戸跡・墓

井戸跡　西を除く平場の縁辺部を中心に計九基が検出され、すべて素掘りの井戸と考えられている。平面形は円形もしくは楕円形であり、径一・五、二・五、四メートルの三種がみられる。深さは五メートルおよびそれ以上で、調査時でも水が湧き出し、夏にはスイカがよく冷えた。壁面は崩落が少なく、当時の井戸掘り人が登り降りに使用したと思われる、足掛け穴が残っていたものもある。明確な井戸の覆い屋は確認されておらず、井戸枠の上に蓋をする程度と考えられている。

墓　平場の中央東側および南端で九基検出されたが、そのうち八基は南端部にある。人骨あるいは歯が検出されたのはこのうち四基であり、すべて幼い子どもである。他は脂肪酸分析によるが、墓穴が小さいことからやはり子どもではないかと思われる。埋葬された年代を推定できるのは約半数であり、十五・十六世紀と考えられている。本丸以外でも曲輪内に墓を設ける例はあるが、子どもだけが検出されたのは本丸だけである。墓のある場所は曲輪の縁辺にあたり、時期によっては奥御殿が近くにある。当主の菩提寺（大慈寺）ではなく、曲輪の端にひっそりと葬られた、幼い子どもの数奇な運命を想像してしまうのは私だけであろうか。

図39　井戸跡の発掘

図40　子どもの墓

（八）鍛冶遺構

　三基の鍛冶関連遺構が検出されている。最も状態のよいものは、長さ三・四メートル、幅一メートルの楕円形で、燃焼部と焚口部がある。燃焼部は焚口部より一段深く掘り窪められており、この部分と壁に白色の耐火粘土

図41　鍛冶遺構（半分だけを調査した段階）

を貼っている。耐火粘土の直上に細かい木炭を敷き詰め、その上に土を貼って燃焼面としている。堆積土のなかには天井部の崩れた粘土があった。

遺構数から見て恒常的な施設ではなく、金属を加工するために臨時的に構築された施設であろう。

(九) 焼　面

曲輪の北東、中央、南西側で五五カ所検出されている。中央にある焼面は掘立柱建物群と重なるように存在しているため、建物内の囲炉裏《いろり》と推定されている。北東および南西側の焼面は曲輪の縁辺にあり、掘立柱建物や竪穴建物群と占地を異にしている。周辺から鉄滓、銅滓、坩堝、鞴の羽口等が出土していることから、屋外の鍛冶場と推定されている。

鍛冶作業は竪穴建物でも行っており、屋外の鍛

図42　宗教施設（館神跡？）

冶場もあることから、本丸内に鍛冶職人が頻繁に出入りしていたことがうかがえる。

（一〇）宗教施設

平場北西端に方形の溝で区画された一角があった。本丸内は全域的に盛土や削平の地業が行われているが、この一角だけはこんもりとした旧地形を残している。区画内からは根城廃城後の小さな祠跡が検出されたが、城館期の遺構は検出されなかった。この場所は、城の外にあった根城八幡宮が移された場所といわれていたことから、検出された祠はそれに該当すると思われる。明和年中の絵図にも、この位置に祠とみられる建物が描かれていることからも確かであろう。

いずれにしても、ここは特別な場所であることは想像でき、城館期においても他の遺構密集地とは一線を画していることから、館神が存在するよ

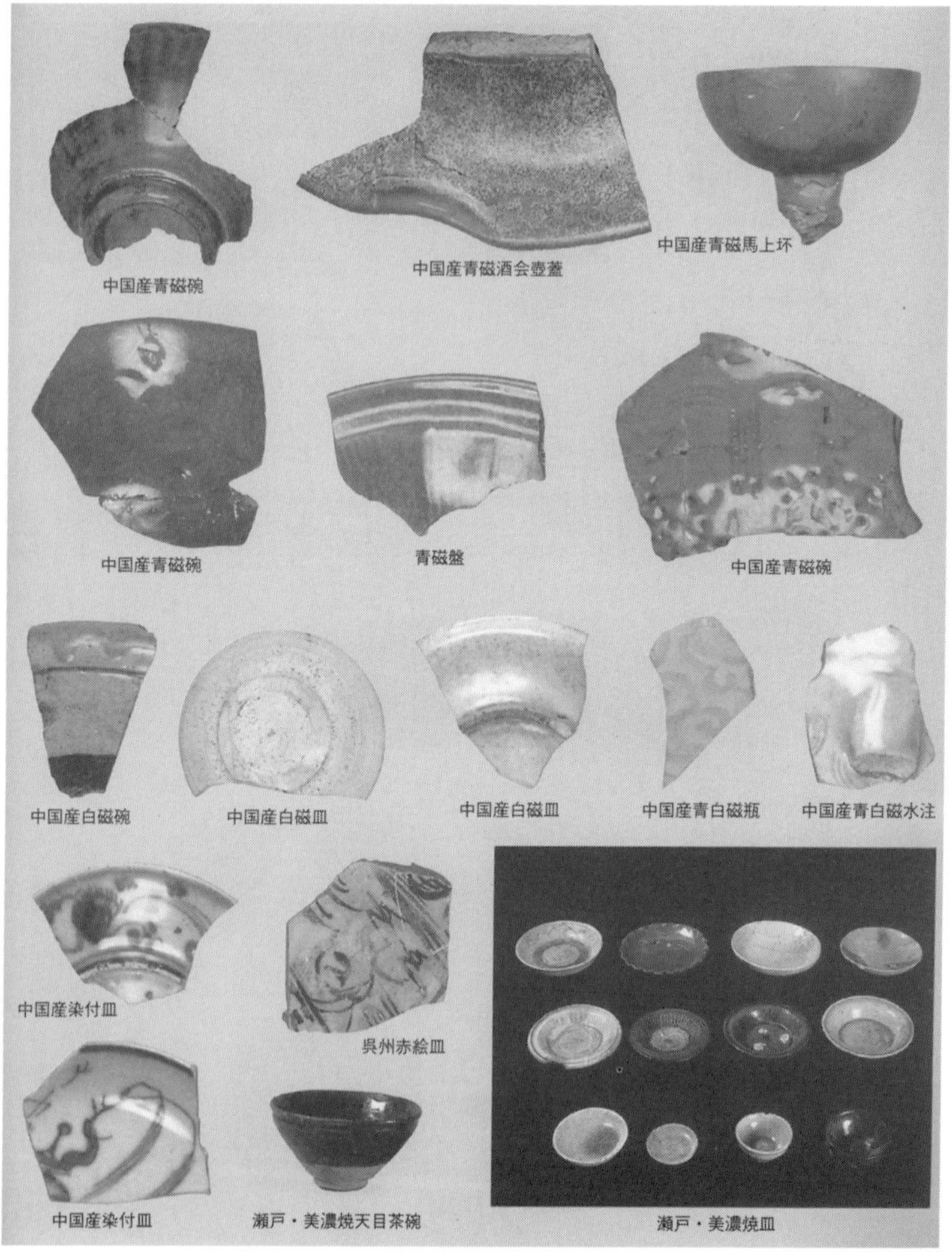

図43　出土遺物（青森県史資料編考古４から転載）

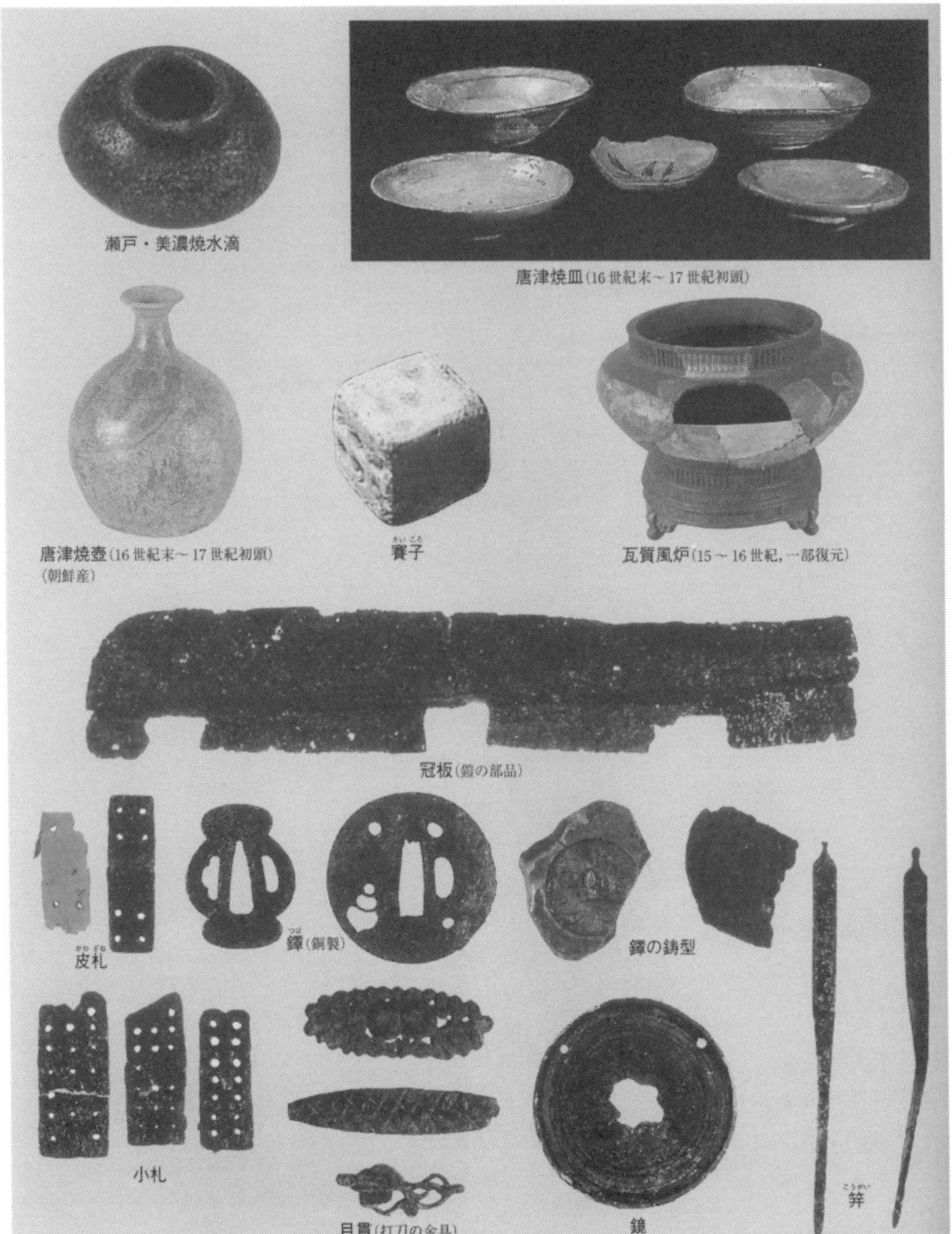

図44　出土遺物（青森県史資料編考古4から転載）

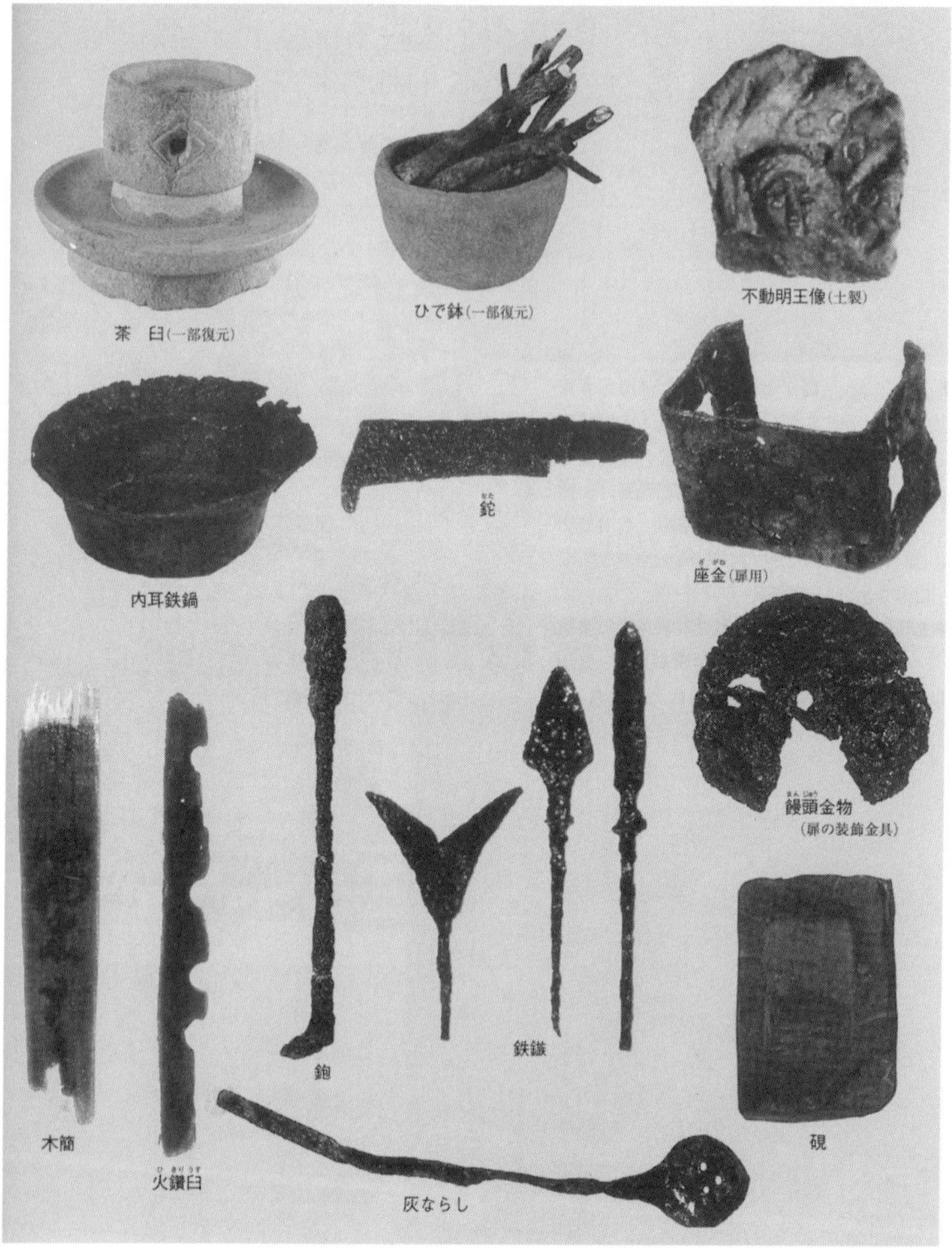

図45　出土遺物（青森県史資料編考古４から転載）

うな神聖な場所であったと考えられている。

(一一) 出土遺物

本丸の出土遺物は六六〇〇点ほどである。落城していないことによるのかもしれないが、青森県の中世城館としては、単位面積あたりの出土点数が少ない。内訳は、陶磁器二四〇〇点、銭貨一二〇〇枚で、その他に金属製品や石製品等が三〇〇〇点である。

陶磁器 出土破片の接合や同一個体の観察から割り出した個体数は七八二である。これらはすべて搬入品であり、地元で焼成されたかわらけ等の製品はない。貿易品では、中国産の青磁、白磁、染付が主体を占め、同産の青白磁・天目・赤絵、朝鮮産陶器が少量みられる。国産品では瀬戸・美濃灰釉、志野焼、唐津焼、信楽焼、越前焼、珠洲焼、備前焼があり、なかでも志野焼を含む瀬戸・美濃の製品が最も多く、国産品の六〇%を占める。貿易品と国産品の比率は6対4で、外国から輸入された製品が高い比率で搬入されていることが知られる。

おもな器種をみると、碗は青磁・染付・天目、皿は白磁・染付・瀬戸・美濃灰釉・唐津焼、壺は信楽、甕や擂鉢は珠洲焼・越前焼・肥前焼が多く使用されている。

陶磁器が転用されている例として、灯明皿(青磁碗・瀬戸・美濃灰釉皿)、紅・お歯黒皿(白磁皿)、漆皿(青磁盤)、砥石(青磁碗の底部)、漆の貯蔵器(信楽壺・越前焼甕・珠洲焼甕)などがある。また、中国産の製品の割れ口に漆が残っている例が多くみられることから、割れても接着して使っていたようすがうかがえる。

銭貨 出土した銭貨で初鋳年が最も古いのは開元通宝(六二一年)であり、最

		碗	皿	盤	坏	鉢	香炉	小壺	壺・瓶	蓋	水注	甕	擂鉢	風炉・火鉢	器形不明	計
中国産	青磁	248	60	14	1	8	4		6	2					140	483
	白磁	11	172		17			1	1						14	216
	青白磁								32		1					33
	染付	20	191		4										11	226
	鉄釉	19						2	40						1	62
	呉須赤絵		6													6
朝鮮産		10							2							12
国産	瀬戸・美濃産灰釉	13	301		1	53	1	2	6						69	446
	鉄釉	42	7		4				15						2	70
	志野焼		17			1										18
	志野釉		31													31
	唐津焼	2	44	1	1								1			49
	信楽焼								143				5			148
	越前焼											274	37			311
	常滑焼											31				31
	備前焼												7			7
	珠洲焼								5			50	58			113
	瓦質土器						2							88		90
	その他												4		18	22
	合計	365	829	15	28	62	7	5	250	2	1	355	112	88	255	2,374

表4　本丸出土陶磁器破片数

		碗	皿	盤	坏	鉢	香炉	小壺	壺・瓶	蓋	水注	甕	擂鉢	風炉・火鉢	計
中国産	青磁	122	38	7	1	2	4		2	2					178
	白磁	7	100		14				1						122
	青白磁								2		1				3
	染付	21	109		4				1						135
	鉄釉	9						2	4						15
	呉須赤絵		5												5
朝鮮産		6							2						8
国産	瀬戸・美濃産灰釉	6	97		1	12	1	2	13						132
	鉄釉	24	3		4			1							32
	志野焼		10		1	1									12
	志野釉		12						1						13
	唐津焼	2	30	1	1	1							1		36
	信楽焼								12				2		14
	越前焼											12	8		20
	常滑焼											3			3
	備前焼												1		1
	珠洲焼								2			11	23		36
	瓦質土器						2							15	17
	合計	197	404	8	26	16	7	5	40	2	1	26	35	15	782

表5　本丸出土陶磁器推定個体数

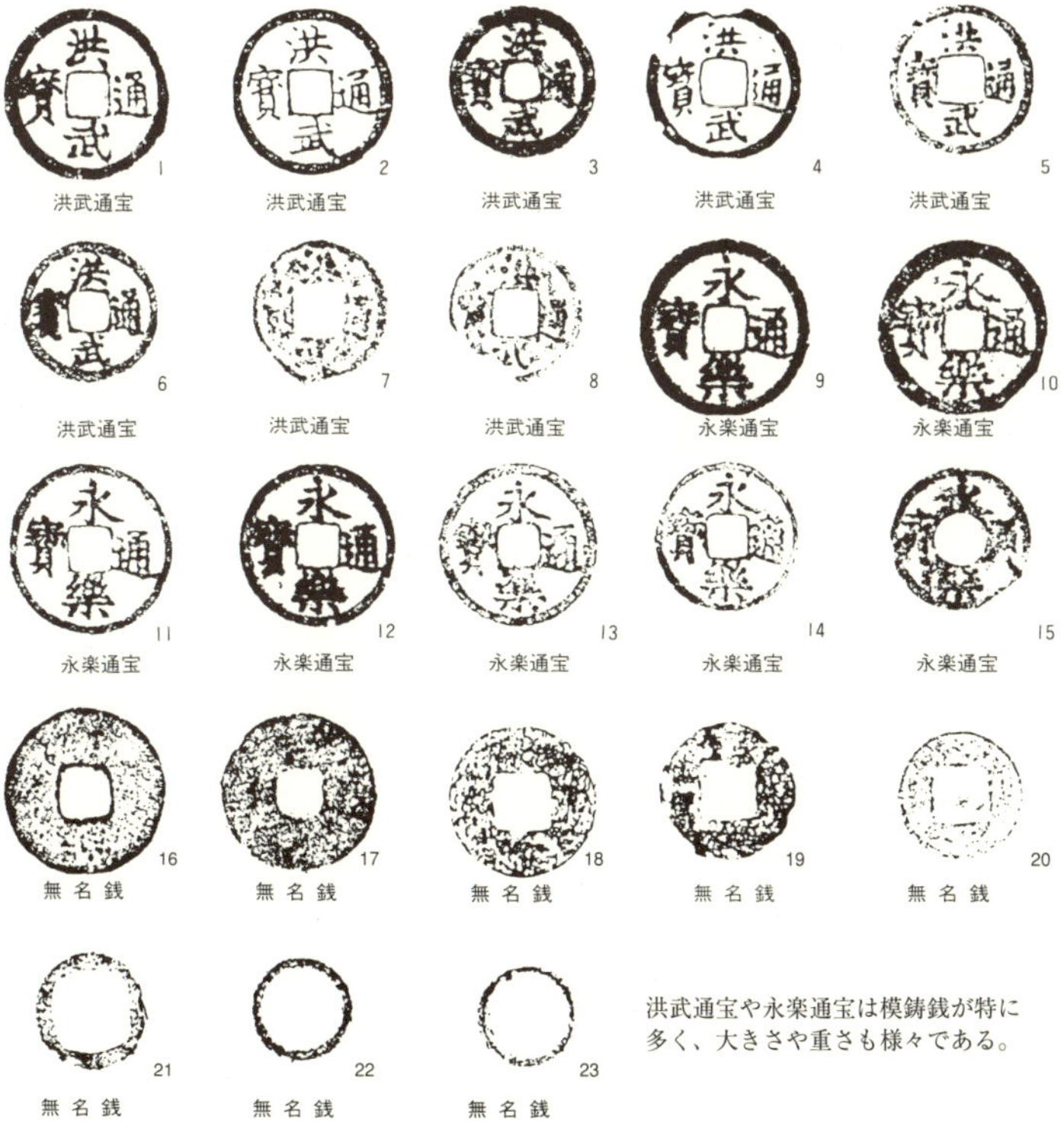

洪武通宝や永楽通宝は模鋳銭が特に多く、大きさや重さも様々である。

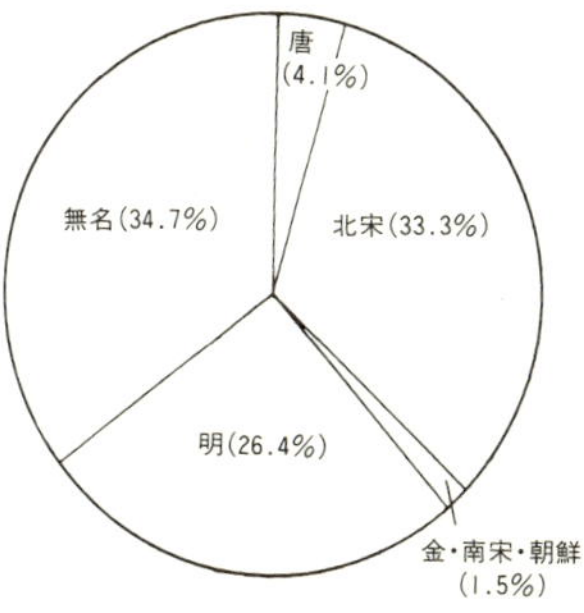

時代	銭　名	点　数	比率　%	時代	銭　名	点　数	比率　%
唐	開元通宝	39	4.0	北宋	聖宋元宝	5	0.5
〃	乾元重宝	1	0.1	〃	大観通宝	8	0.8
北宋	宋通元宝	8	0.8	〃	政和通宝	15	1.6
〃	太平通宝	4	0.4	〃	宣和通宝	2	0.2
〃	淳化元宝	4	0.4	金	正隆元宝	1	0.1
〃	至道元宝	13	1.3	南宋	淳熙元宝	1	0.1
〃	咸平元宝	8	0.8	金	大定通宝	4	0.4
〃	景徳元宝	8	0.8	南宋	慶元通宝	1	0.1
〃	祥符通宝	9	0.9	〃	端平元宝	1	0.1
〃	祥符元宝	24	2.5	〃	淳祐元宝	1	0.1
〃	天禧通宝	9	0.9	〃	皇宋元宝	2	0.2
〃	天聖元宝	23	2.4	〃	景定元宝	1	0.1
〃	明道元宝	1	0.1	〃	咸淳元宝	1	0.1
〃	景祐元宝	5	0.5	〃	至大通宝	1	0.1
〃	皇宋通宝	44	4.6	明	洪武通宝	114	11.8
〃	至和元宝	4	0.4	〃	永楽通宝	139	14.4
〃	嘉祐通宝	3	0.3	朝鮮	朝鮮通宝	1	0.1
〃	治平元宝	5	0.5	明	宣徳通宝	2	0.2
〃	熙寧元宝	29	3.0		無 名 銭	332	34.7
〃	元豊通宝	53	5.5		計	966	100.0
〃	元祐通宝	29	3.0		名 不 明	229	
〃	紹聖元宝	7	0.7				
〃	元符通宝	4	0.4		合　計	1,195	

（寛永通宝・仙台通宝は除外）

図46　本丸出土銭貨

も新しいのは宣徳通宝（一四三三年）である。銭名がわかるものを初鋳年で分けると北宗銭が最も多く、次いで明銭である。これらのなかで出土点数の多い熙寧元宝、元豊通宝、洪武通宝、永楽通宝などの場合は、小型・軽量の模鋳銭と思われるものが相当数あるが、とりわけ洪武通宝、永楽通宝が顕著である。

模鋳銭を鋳造する場合に銭種が限定されていた可能性や、選銭令の必要としない地域の存在がすでに指摘されているが、本丸出土銭の場合はこれに相当すると考えられる。模鋳銭はまだ銭と思えるが、座金のような無名銭やワッシャーのような輪銭は銭としての価値を疑うようなものである。これらは量的にもまとまって出土していることが特徴的である。

銭貨のなかには溶解した状態のものもあるが、これは火事や過失で焼けたのではなく、鋳銅の原材料として銭を使っていたことを示す資料と推定されている。

その他

武器・武具には大鎧の冠板、小札（革札、鉄製の平小札・伊予札）、鎧の飾り金具、短刀、短刀の鐔（銅製）、刀装具（切羽、鯉口金具、はばき、冑金、責金具、猿手、目貫、小柄、笄）、鉄鏃、鉄砲玉がある。

建築用具・部材には鉄釘、楔、鎹、饅頭金具、煽り止め、引き手、刳り物用の鉋、鏨、屋根材としての柿板、熨斗板《のしいた》がある。

生活用具には座金、箪笥用かと思われる飾り金具、火打金、麻の繊維をとる苧引金《おひきがね》、火箸、鉄皿、鉄鍋、箸、耳掻き、毛抜き、挟、鋤・鍬先がある。

石製品には硯、砥石、茶臼、粉挽き臼、ひで鉢がある。

信仰用具には鉦鼓、銅碗、銅鈴、数珠玉、仏

図47　根城全体図

像、発火用の火鑚臼がある。

その他に鞴の羽口、銅の溶解物、鉄滓（碗形滓）、坩堝、鐔の鋳型がある。

2　岡前館の発掘調査

岡前館は本丸の東南に位置する三つの曲輪の総称で、本丸の二倍ほどの広さがある。この曲輪は住宅地となっており、住宅建築等にともなう発掘調査が一九七八（昭和五十三）年から継続されている。現在までの調査は五三地点であるが、一件あたりの面積が狭く計画的な調査ができないことから、曲輪全体のようすはそれほど

図48　岡前館の調査（掘跡）

明確ではない。

岡前館は根城の重臣である岡前氏の館跡といわれてきたが、いまのところその館跡は確認されていない。最も調査面積の広い東端の曲輪では、東西・南北に走る溝による区画が顕著で、区画内には掘立柱建物跡、竪穴建物跡、井戸跡、墓などがある。掘立柱建物跡には主屋や倉庫・馬屋のような建物があり、それぞれの区画は屋敷に相当する施設が整っている。溝で区画された屋敷がいくつもあるという遺構配置は本丸とまったく異なり、南部氏家臣団の屋敷跡と考えられている。

岡前氏の館があるとすれば、最も西側（本丸側）の曲輪の可能性が高く、重臣である中館、岡前、沢里各氏の館が本丸に隣接して南北に並ぶという曲輪配置も想定される。

3　東構地区の発掘調査

東構地区は東善寺館の東側、現在八戸市博物館が建っている場所で、博物館建設と都市計画街路の建設にともなって、一九八一（昭和五十六）・一九八二（昭和五十七）年度と一九九〇（平成二）年度に調査し、縄文、古代、中・近世の遺構が重複していることが判明した。字名では中館、東善寺館とこの地区が東構であり、本丸からみて、これらが東の構えであるとの解釈もある。

一九九一（平成三）年度に遺構の再整理をし、城館期の遺構は掘立柱建物跡七四棟、竪穴建物跡二九棟、井戸跡八基、カマド状遺構（鍛冶遺構）一〇基となっている。これらの遺構の変遷は一三期にわたり、南部氏の本丸存続期間とほぼ同じ年代に存続した屋敷群跡と考えられている。屋敷は溝で区画され、基本的な施設として、主屋、倉庫・馬屋、竪穴建物の工房、井戸があり、屋敷の広さには三三〇、五六〇、九〇〇坪のタイプがあったと推定されている。

この地区では、竪穴建物跡の床面から溶解した銭貨、坩堝、鉄釘、鋳型、羽口、鉄滓が出土しており、鍛冶作業にかかわる人びとの居住地と考えられている。

4　下町の発掘調査

下町は東西七〇〇《メートル》、南北一〇〇《メートル》で、根城跡の北縁に帯状に広がる地区である。馬淵川に面する低位段丘（標高八《メートル》）に位置し、以前は近世の城下町に相当する「町屋」と推定されていた。本丸、中館、東善寺館の北側斜面は下町造成のために削平され、屋敷地と思われる二から数段の造成

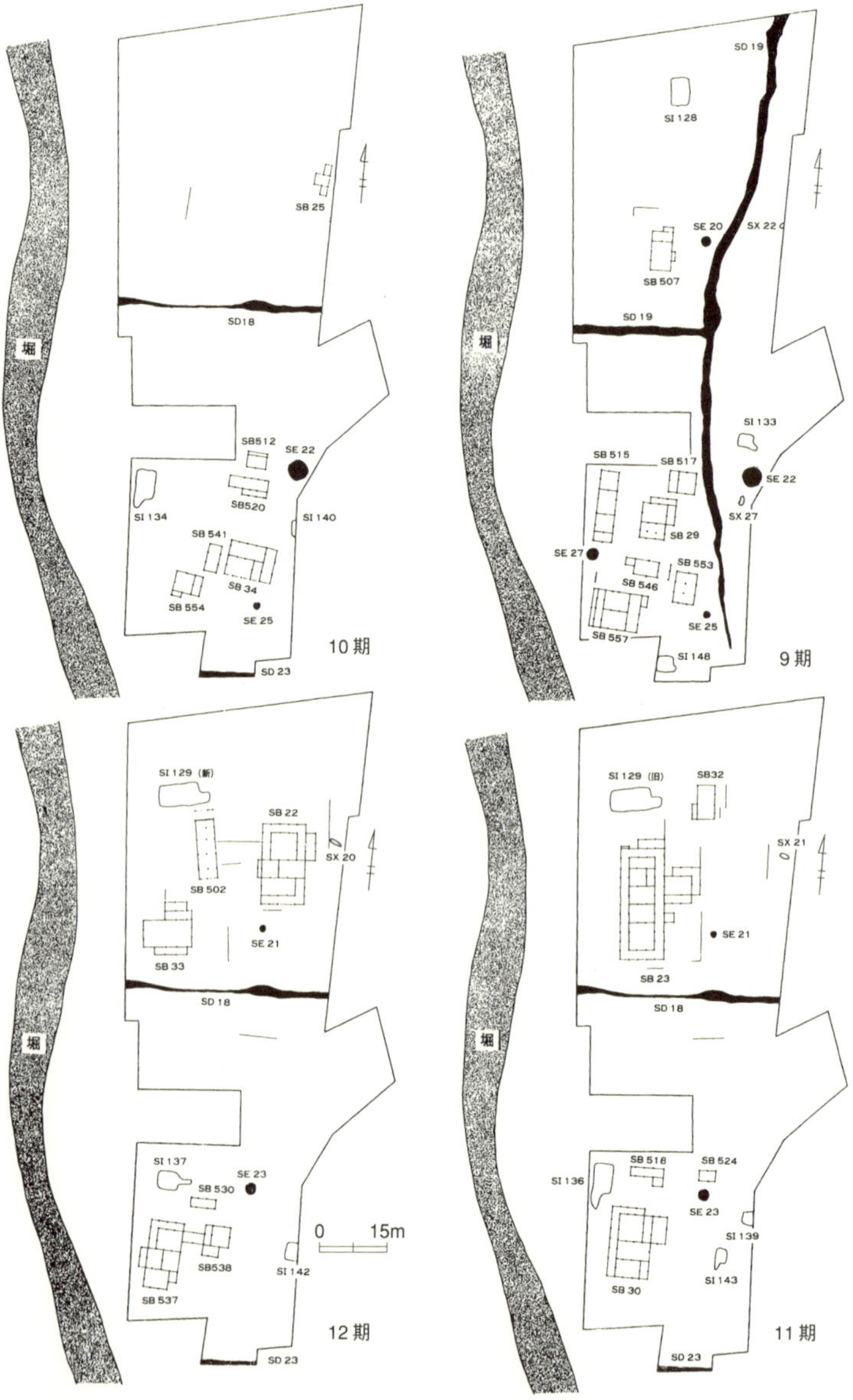

図49　東構地区の遺構変遷（1）

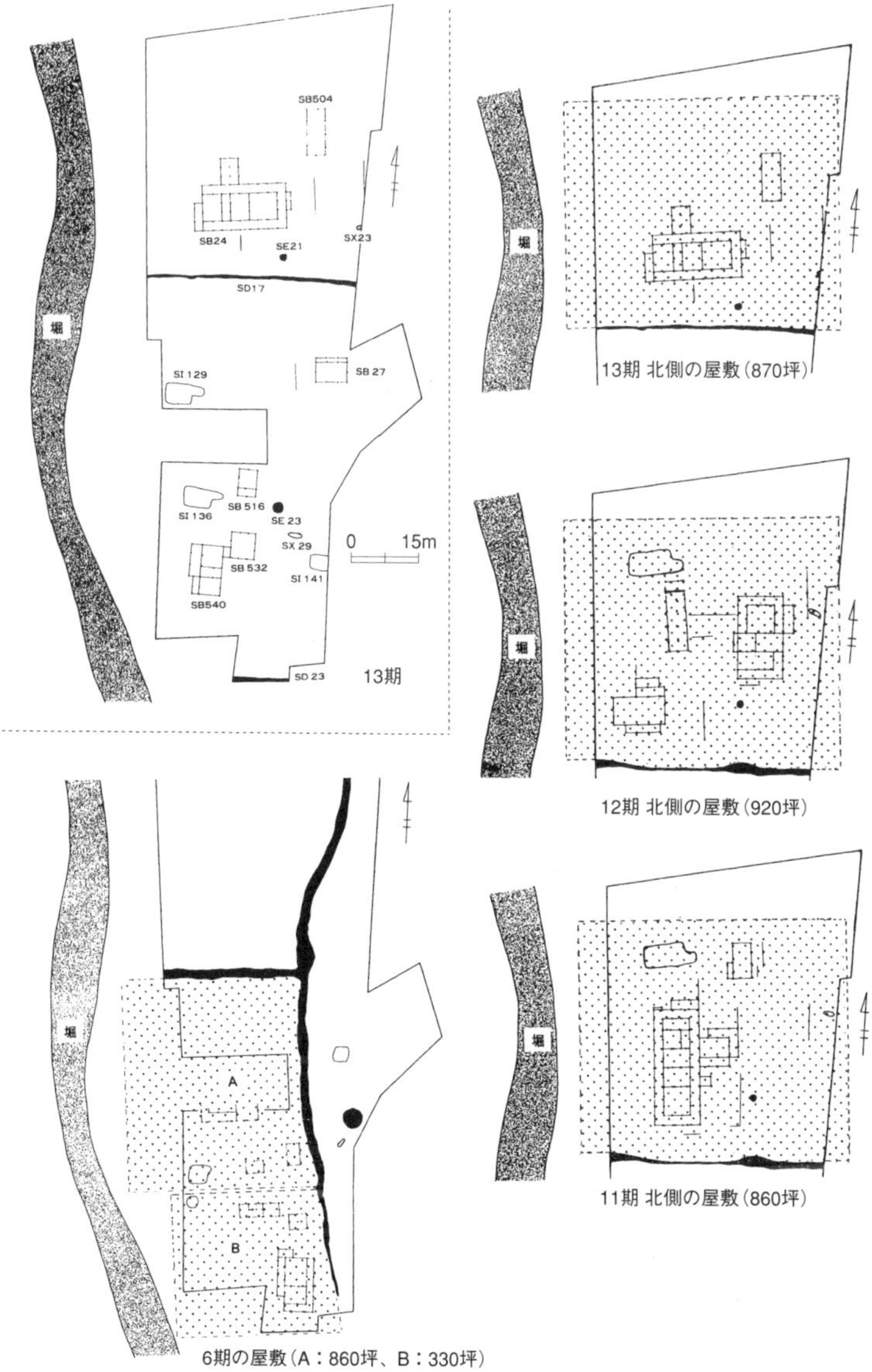

図50 東構地区の遺構変遷（2）屋敷の推定範囲

図51　下町第２地点遺構配置図　溝で区画された中に小規模な建物がある。

された段がある。

環境整備および住宅建築等の緊急調査で一〇地点ほどの調査が行われ、本丸、中館、東善寺館から北へ延びる堀と、東構地区の東側にある沢によって大きく四区画に分割される可能性が高いことが知られている。分割により下町は帯状の地域ではなく、本丸、中館、東善寺館、東構地区と密接な位置関係をもった地区割りとみることができる。このことから下町は「町屋」ではなく、本丸、中館、東善寺館の各曲輪と東構地区と密接な関係にあった人びとが居住した場所と考えられてきている。

検出された遺構は小規模な掘立柱建物跡、竪穴建物跡、溝、焼面などであり、断片的ではあるが下町全域に生活の痕跡は存在する。

5　中館の発掘調査

中館は根城の重臣であった中館氏の館があった曲輪と推定されている。平場は本丸より一段低く、広さは本丸の半分弱である。環境整備にともなう園路、堀の整備および四阿《あずまや》建築にともない、平場の西、堀の中央から南側、および平場の北側で遺構の確認調査が行われている。

調査区内には全面に遺構が存在し、掘立柱建物跡、竪穴建物跡、溝跡、井戸と思われる遺構が確認されている。掘り下げを行っていないので年代等は不明であるが、遺構の密集状況からみて、長期間存続していたことは想像できる。曲輪の北側には盛土整地がみられ、縁辺部は土塁があったためか帯状に堅くしまっていた。比較的広く調査された北地区をみるかぎりでは、溝による屋敷割り

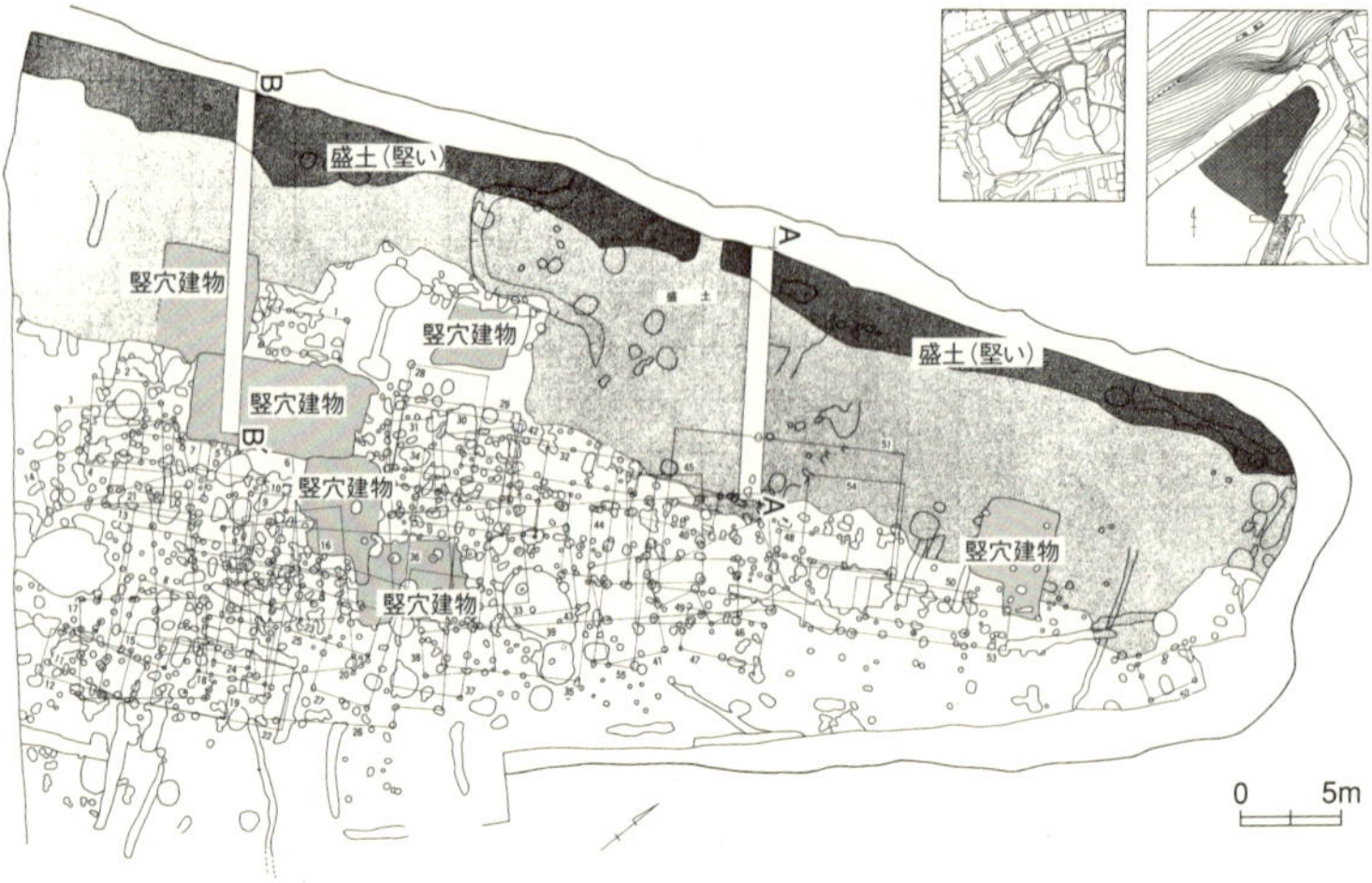

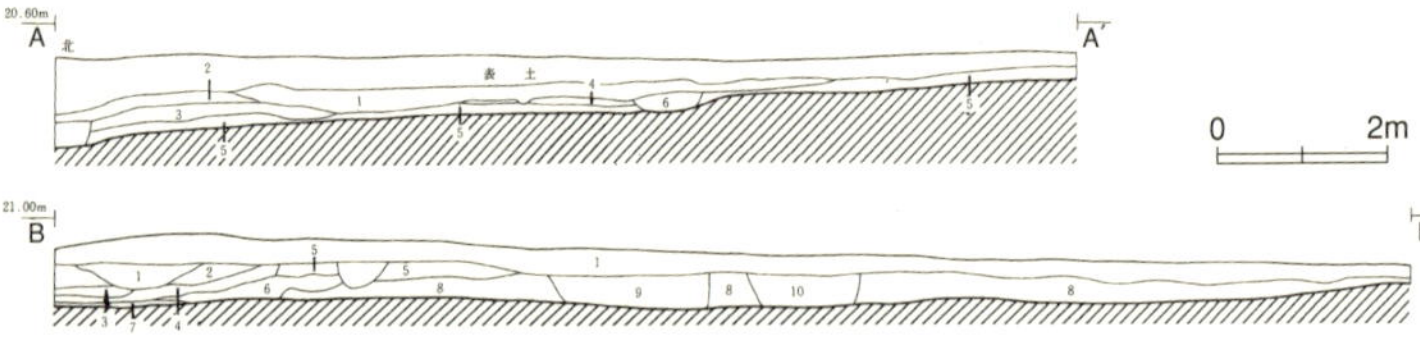

A－A'

層	土　　色	土　性	備　　　考
1	7.5YR7/3　にぶい橙	シルト	表土？浮石、ローム混入
2	10YR3/4　暗褐	シルト	ロームブロック、浮石、炭化物混入
3	10YR3/3　暗褐	シルト	ローム、浮石混入、しまりあり
4		混合土	10YR7/2にぶい黄橙ローム＋褐色土＋7.5YR7/3粘土ブロック、しまりあり
5	10YR7/4　にぶい黄橙	シルト	褐色土、黄褐色ローム混入、炭化物少量
6	10YR4/4　褐	シルト	遺構埋土？　浮石、炭化物混入

B－B'

層	土　　色	土　性	備　　　考
1	10YR3/3　暗褐	シルト	浮石、黄褐色ローム混入、炭化物多量混入、遺構埋土？
2	10YR5/4　にぶい黄褐	シルト	褐色土、ローム多量混入　ややしまりあり
3	10YR5/4　にぶい黄褐	シルト	上部に黒色土層、しま状に堆積
4	10YR6/6　明黄褐	シルト	浮石、ローム混入　2層よりしまりあり
5	10YR3/3　暗褐	シルト	浮石、黄褐色ローム混入
6	10YR7/8　黄橙	ローム	褐色土少量
7	10YR2/3　黒褐	シルト	浮石、ローム、炭化物混入
8	10YR3/3　暗褐	シルト	ロームブロック多量　しまりあり
9	10YR4/6　褐	シルト	ローム、炭化物混入（炭化物多）遺構？
10	10YR4/4　褐	シルト	ローム混入　遺構？

図52　中館北地区

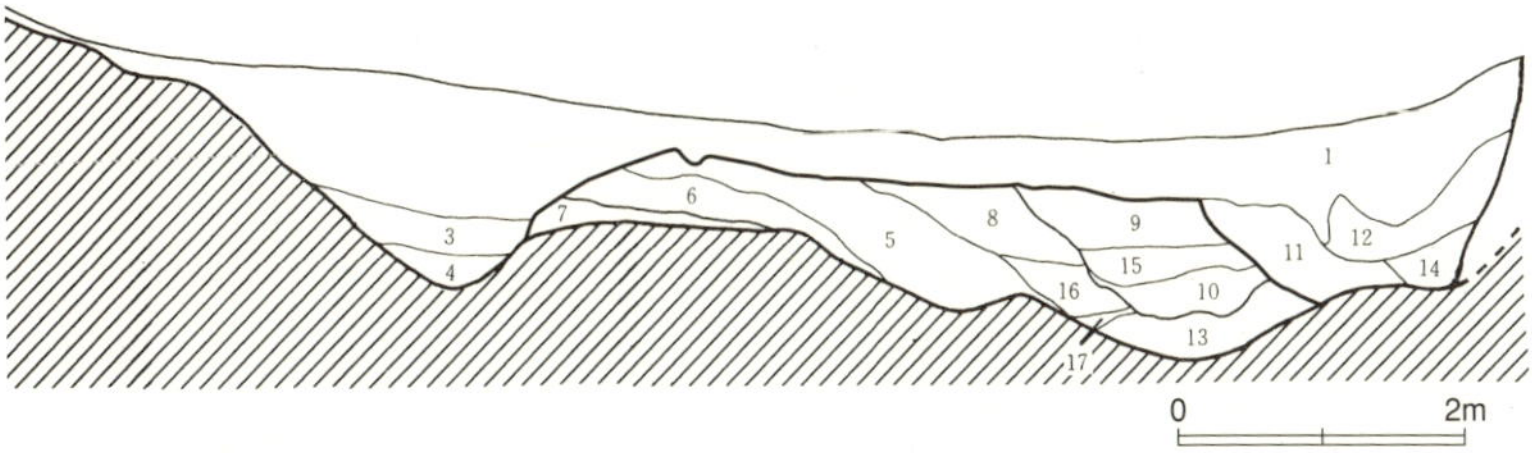

1．褐黒色土層
2．黄褐色火山灰質砂層
3．砂礫層
4．黄色浮石質砂層
5．礫質火山灰質砂層
6．砂礫層
7．礫質砂層
8．黄色～暗褐色火山灰質砂層
9．黒色砂質土層
10．白黄色砂質火山灰質土層
11．暗黒褐色土層
12．黄褐色土層
13．黄褐色粘土質砂層
14．灰褐色砂層
15．暗灰色砂層
16．黒色土層（沖積土）

注1．14の層中には径5～20cm の黄色～褐色火山灰の土塊が多数包含されている。
2．15と16の層間には1～3cm の層厚をもつ黄灰色の粘土層がはさまれる。

図53　本丸の堀　側溝があり、中央が通路となっている。

はみられず、本丸のミニチュア版といった印象である。

掘立柱建物は付属的な建物が多いようで、重臣の館だとすれば、中心的な建物は未調査部分に存在しているのではないかと思う。少なくとも岡前館や東構地区とは性格の異なる遺構配置と考えられている。

6　堀跡の発掘調査

史跡整備の一環として本丸、中館、東善寺館の堀等を、国道の歩道設置等の緊急調査で三番堀を部分的に調査しているので概要を紹介する。

(一) 本　丸

本丸の堀は幅が二〇から三〇《メートル》、深さは一〇《メートル》ほどの薬研状で、根城では最も大規模である。西

図54　中館の堀

側および北東側の試掘で確認した堀底は、両側に側溝をもつ堀底道となっていた。通路幅は何度か拡幅されているようであるが、当初は一メートル前後と考えられる。堀の堆積土は五〇センチ程度で、自然に埋まっているが、北東側の虎口付近だけは堀の形を留めないまで埋め戻されていた。先に虎口を封鎖するような行為が天正期に行われていると述べたが、この行為も一連のものと推定されている。

　試掘した範囲では出土遺物がほとんどなく、堀に不要品を廃棄しないことが徹底していたか、定期的な清掃が行われていたと考えられる。

(二) 中　館

　中館の堀は幅一五メートル、中館平場からの深さは五メートルほどの薬研堀で、調査前は中央から南側にかけて、堀が窪んだ状態まで埋め戻されていた。出土遺物から本丸虎口付近と同様、天正期の城破りに

図55　東善寺館の堀

ともなって行われた行為と推定されている。東側中央部の試掘では、埋め戻し土を除去した後の堆積土中から漆器碗、簪、曲げ物、屋根材、犬・馬骨、陶磁器、金属器が平場から投棄されたような状態で出土している。堀は水路のようになっているため木製品が残存していたが、根城の堀のなかでは出土量が群を抜いている。

堀全体では相当量の遺物が包含されていると予想されたため、整備にあたっては表土および城館期後の盛土の除去に留め、遺物包含層は保存されている。

(三)東善寺館

東善寺館東側の堀は、一九七四(昭和四十九)年の試掘では薬研の二重堀とされ、内側が幅八メートル、深さ四メートルで、外側が幅一五メートル、深さ六メートルとされている。内側の堀が完全に埋まっていたことか

図56　三番堀の現況

ら、史跡整備にともなって再確認調査が行われ、一九七四年の調査地が確認できたのでここを基点とし、内側の堀の方向を確認していった。その結果、内側の堀は外側の堀とは方向を異にしており、内側の堀は外側の堀の前段階に構築されたものであることが明確になった。一九七四年の試掘調査では、たまたま二本が接する場所に調査区が設定されたため、二重堀と誤解されたのである。

外側の堀の南側は中館と同様に埋め戻されており、出土遺物の年代から中館と同様に城破りの地業と考えられている。

(四) 三番堀

調査は試掘および緊急調査が行われており、それぞれ面積は狭いが興味ある指摘がなされている。三番堀は岡前館の東と南を画する全幅二〇《メートル》で、根城で唯一の二重堀である。地点によって規模や残存状況が異なるが、内側（曲輪側）の堀は幅九メートルで深さ六・五メートル、外側は幅五メートルで深さ四・五メートル程度の薬研堀と推定される。

緊急調査を行った掘北端の国道隣接地では、堀を崩して埋め立てた跡地に小規模な掘立柱建物や竪穴建物を構築し、小鍛冶などの作業を行っていたことが確認されている。出土遺物からみて、堀を埋め立てたのは中館や東善寺館の堀と同じく天正期と推定され、根城が遠野へ移るまでの短期間、小鍛冶を行うような人たちに関連する施設があったと考えられている。

天正期の堀を埋め立てる行為が、三番堀全体に及んでいたかについては明確ではないが、公有化前の堀で耕作していた古老は、国道から離れたところにはまだ二重堀の形が残っており、中央の高いところを崩しながら畑を広げていたという話をしていた。この方はもう亡くなられたので詳細は不明であるが、少なくとも国道に近いところはすでに平坦であったと推定される。

ところで、この堀では埋土から馬、牛、犬の骨が検出され、馬については組織的な解体作業を行った後、曲輪内から堀に投棄された可能性が指摘されている。想像をたくましくすれば、食肉の結果とも考えることもできるような状況であった。

V　発掘資料の整理と確認作業

1　本丸の発掘資料整理

本丸の一〇年にわたる発掘調査終了後、本丸復元整備に向けて基本資料の全面的な整理作業が進められたが、その主眼は遺構配置の変遷、整備対象時期の確定、整備対象時期遺構の性格の明確化に置かれた。本丸の発掘調査で検出された遺構配置の変遷をたどり、そのなかから整備の対象時期や年代を特定し、整備対象時期の各遺構がどのような施設であったのかを推定する作業である。

しかし、この作業を進める前段として、基本資料である建物跡の遺構の平面形や規模を確定する必要があった。再検討の対象となった遺構は主として掘立柱建物跡であったが、この遺構に対して行った資料再整理の手順を提示しておきたい。

建物跡の再整理で、最も多くの時間を費やさざるを得なかったのは掘立柱建物跡である。本丸では多くの場合、掘立柱建物を構成する柱穴は本丸に建てられたすべての時期のものが同一遺構面で検出されるが、検出された二万個にも及ぶ柱穴を組み合わせ、大小さまざまな規模の建物跡に戻し

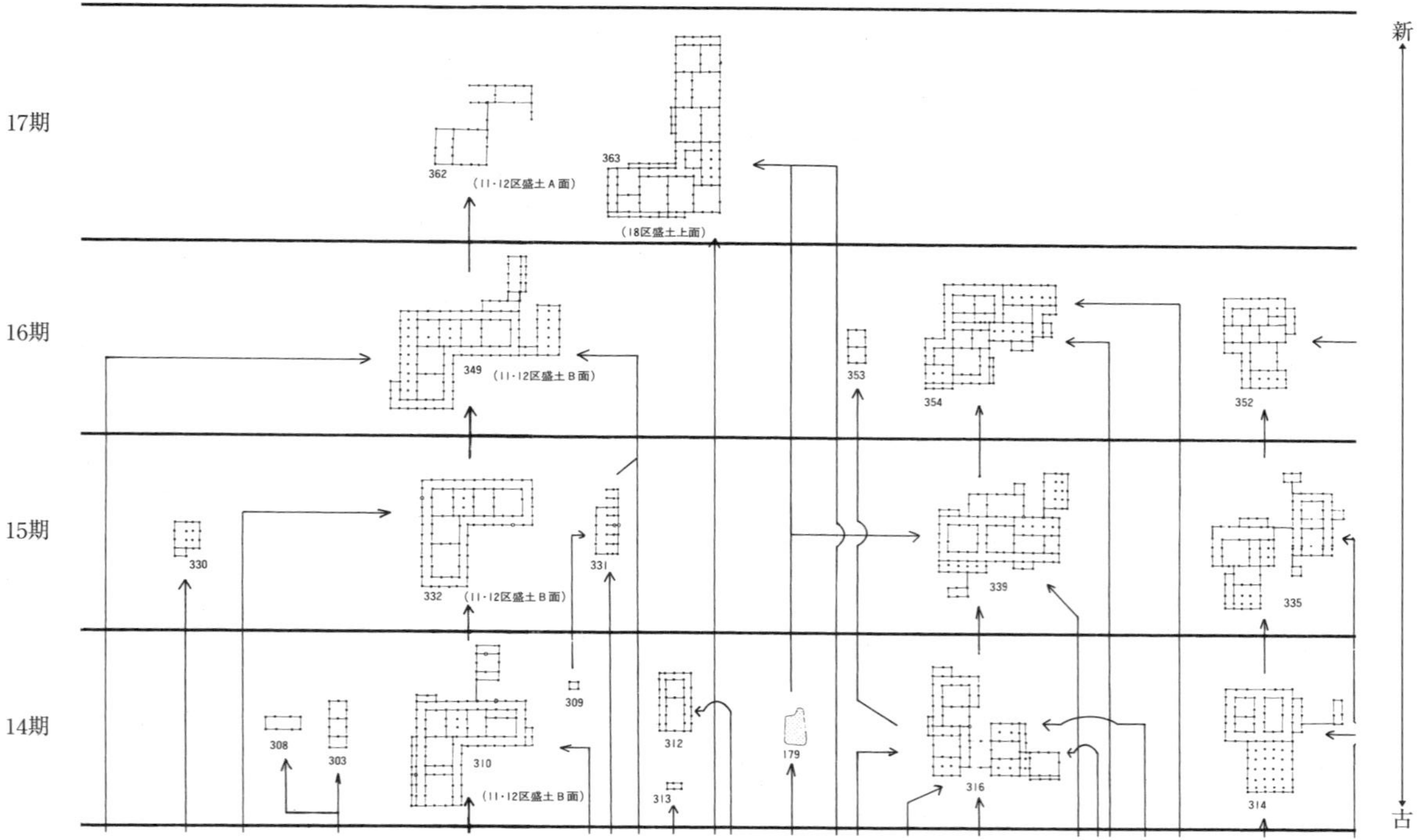

図57　掘立柱建物の新旧関係（本丸の１期～17期のうちの最終段階）

ていく作業はたいへんなものであった。建替えが激しいために、現場で個々の建物を確定することはきわめて困難であり、図面での検討が主として行われた。

整備に際して最初に行ったのは掘立柱建物の全面的な見直しである。これまでの報告書で記載してきた建物すべてを一定基準で再検討し、掘立柱建物跡を中心とした建物配置の変遷を明確にすることが最優先とされた。

掘立柱建物の再検討と遺構変遷をたどる作業は一九八五（昭和六十）年十二月から開始された。当時、中世城館にどのような建物があり、それらの建物がどのような平面形であるのかほとんどわからず、競馬の予想のように、色鉛筆をもって図面をにらみつづける日々がつづいた。その後何度か文化庁に変遷案を提示したが、説得力のあるものとはならなかった。このような状況のため、翌年の八月には文化庁より、当時奈良国立文化財研究所におられた宮本長二郎氏の指導を仰ぐようにとの指示を受け、図面を担いでの奈良詣でが始まった。当初の指導は次のとおりである。

①これまでの建物を全面的に見直しし、余っている柱穴がないようにする。

②これまで検出している建物を中心とし、再度間取りや柱筋をチェックし、一棟一棟が建築物としての建物跡とする。

③宮本先生が建物を拾った図面を八戸へ送るので、八戸であわせて検討する。

このときは「建築物である建物跡」という意味がよくわからなかったが、とりあえず方向性が示され、再度図面との格闘が始まることになった。その後、奈良や八戸で何度か変遷案や遺構図のやり取りをし、一九八七（昭和六十二）九月、奈良国立文化財研究所の研究室で変遷の基本的な承諾を得た。本当に長い道のりであった。変遷案を宮本先生に認めてもらえず途方にくれ、近鉄の大和西大寺駅に遺構図の原図を忘れて大慌てをしたことも、今は笑い話である。

ところで、宮本先生が最初に言われた「建築物としての建物跡」というのは、発掘担当者が建物跡としているものには本来建物に必要な柱が抜けていたり、柱列のずれ、間取りの不自然さなどが顕著で、建築物としては首を傾げるものが多かったことに対する警鐘だったと思う。

城館期の遺構変遷は最終的に一七期にまとめられ、このなかから整備対象候補時期として一六期が選定された。この時期は根城破却前の十六世紀末にあたり、御殿や虎口をはじめとする本丸の各施設が最もよく残っている。整備対象時期の選定については、根城の指定理由である南北朝期で整備するべきという意見もあったというが、この時期の遺構の残存状態が思わしくなかったため却下された。各時期の遺構は位置とともに、文献の立場からその時期の当主の検討も行われた。

前述したように宮本先生のところに、藁にもすがる思いで何度も足を運んだが、そのとき先生に言われたことを、今では若い人たちに偉そうに言っている。「柱穴は全部使い、拾った建物がそれぞれ建築物としての建物跡であり、その建物群が無理なく配置できれば変遷はできる」と。

2 掘立柱建物跡の再整理

(一) 建物の再抽出

柱穴群を私は「中世遺構の最大の敵」とよんでいるが、柱穴群から建物跡に復元していく作業手順に王道ない。忍耐強く柱列を見つけ、建物となるように何度もスクラップ・アンド・ビルドをするだけのことである。掘立柱建物跡を整理していくのは、最初から最後まで柱穴のチェックと柱列の確認である。

次に本丸の場合の整理手順を示しておくが、これは前項の「柱穴は全部使い、拾った建物がそれぞれ建築物としての建物跡であり」の作業にあたる。なお、掘立柱建物跡の整理方法等については、東北中世考古学会編『掘立と竪穴―中世遺構論の課題―』に詳しいので参照されたい。

なお、以下の作業は年度ごとに報告してきた建物跡の図面を基にし、各建物の広がりや柱筋のずれ、間取りの不自然さ等について再検討を加えた手順である。

①遺構全体図から三人の担当者（一人だと見逃しが多い）が、柱筋・柱間を基準にそれぞれ建物を自由に拾う。

②三人が拾った図面をもち寄り、三人の共通した柱筋から一つの建物を完結させる作業をくり返す。

③これに行き詰った段階で、建物に使用していない柱穴を抜き出した図面をつくる。

④③の図面で①・②の作業をふたたび行う。

⑤④の作業でも残った柱穴の図面をつくる。

⑥⑤の図面で①・②の作業と柱列（塀）の拾い出しを行う。

⑦以上の経過で抽出した建物を重ねあわせて、一棟に集約できる建物がないかを確認する（建物の重複が激しいところでは、ちょっとした寸法のずれなどで一棟の建物を二棟に分けていることがある）。

さらにこの後、一棟ごとに柱筋からずれる柱穴はないか、間仕切り・庇・張り出しなどに使える柱穴はないか、柱の抜き取り穴や竪穴建物の柱穴を使用していないかの再確認を行い、柱間の広い

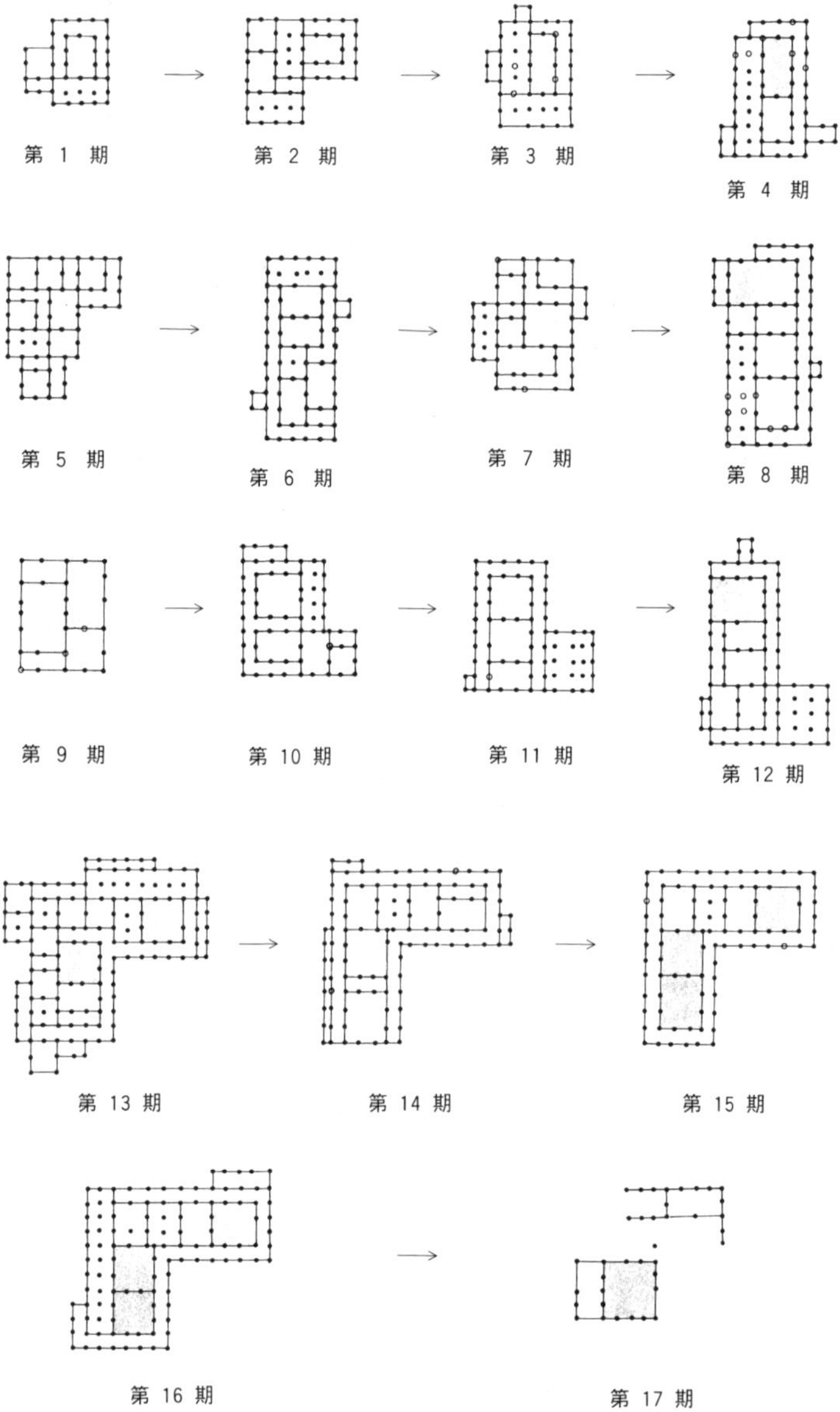
第 1 期
第 2 期
第 3 期
第 4 期
第 5 期
第 6 期
第 7 期
第 8 期
第 9 期
第 10 期
第 11 期
第 12 期
第 13 期
第 14 期
第 15 期
第 16 期
第 17 期

図58　主殿の変遷

部分や間仕切りの交点などで、切り合いや後世の攪乱などによって、柱穴が消滅した可能性を再検討している。消滅の可能性がある場合は、存在したことを前提にして建物を考えている。柱筋からずれる場合は、他の柱穴と取り替えることができないかも検討する。

なお、この作業工程は柱の数や担当者の慣れによって省けるところもあるが、最初の柱列を拾う作業には複数の人がかかわった方が効率的である。ただし、城館と集落では建物の規模・平面形・柱間寸法が異なることがあるので、それぞれの遺跡の建物にあった柱列を拾うことが前提となる。理論的には一棟一棟きちんと拾っていけば、拾っていない建物の柱穴がきちんと残るが、これが結構むずかしい。

(二) 間取りの検討

前項の作業で抽出した建物のなかで大型の建物については、間取りの検討が建物跡と確定するための最終段階になる。私は建物の専門家ではないのでそれが正しいかどうかわからないが、次のような見方で平面形をチェックした。もちろん掘立柱建物の性格上建築誤差もあり、遺跡の残存状況もあるので厳密ではないが、一応の目安である。

①建物から廊下や縁、張り出しのようなところを除き、建物の本体部分（建築用語では上屋という）を探す。

②中世の建物本体は梁間が二ないし三間で、本体の側柱はすべて存在し（例外もあるが）、対面する側の柱とは基本的に対応する。

③①・②の作業で建物本体が明確ではないものについてはもう一度拾いなおす。この場合、各柱列の柱間寸法を確認することが必要。

④建物本体がいくつかの部屋に分かれている場合、間仕切りの柱がきちんと存在し、側柱との柱筋が通ること。

⑤柱間寸法は梁・桁で異なる寸法を用いていることもあるので、梁あるいは桁の柱間が等間であること。

建物を拾う段階では外側の柱列に注意が傾き、内部の柱列を見逃しがちである。小型の建物については柱間が等間のものは少ないが、柱の対応があまり良くないものはもう一度見直す必要があろう。倉庫や納屋も重要な施設なのである。

ここまでのチェックを潜り抜けた図面が、建物跡としてはじめて一つの遺構となる。このように、掘立柱建物跡は手間がかかる厄介な遺構であるが、これが決まらないと城館の施設を語ることができないのも確かである。

(三) 柱間寸法

ここまでの作業で建物の柱配置が確定した後、柱間寸法の計測を行った。柱間寸法は本来現場において建物跡を確定し、柱と柱の間を実寸で計測するのが望ましい。しかし、根城の場合は建替えが激しく、掘立柱建物跡を現場で確定することができなかったため、二〇分の一で作成した発掘現場の実測図で計測した。したがって、実寸では計測可能なミリ単位の数字が読み取ることができないという制約がある。図上で行った柱間寸法の決定手順は次のとおりである。

①一棟の建物のなかで検出された柱痕をできるだけ通るように線引きを行った。

②梁行、桁行が直行するように線引きを行った。

③柱間寸法の計測は尺（一尺＝三〇・三センチ）で行った。

④計測点は線上の柱痕中央とした。
⑤柱痕のない柱穴は、なるべく等間隔にするような計測点にした。
⑥寸法の表示は基本的に尺単位か、五寸単位で納まるように、建物総長内で計測点を移動した。
⑦⑥の例外に「六尺六寸間」が規則的にみられるので、これについては表示した。
以上の手順で算出した柱間寸法により、本丸の掘立柱建物跡から次のような傾向が導き出されている。

㋑六尺六寸という寸法は本丸中央にある中心的な建物に使用され、梁行と桁行の両方、またはいずれか片方にみられる。

㋺梁行・桁行で異なる寸法を使用している場合が多い。

㋩部屋によって寸法を換える場合や、一室のなかでも異なる寸法を用いることがある。

㋥建物は規模によって柱間寸法を基準にするものと、建物の総長を基準とする設計方法があると考えられる。

㋭柱間寸法は、ほとんど完数または五寸単位でまとめることが可能である。


根城の発掘調査を開始した当時、中世の掘立柱建物跡に柱痕がある報告例はほとんどなかった。このことは調査で未検出の場合もあると思うが、多くの場合、柱痕というものを意識しないで掘り上げた結果だと考えられる。柱位置が不明なため柱間寸法は柱穴の芯々（中央）で計測していたが、実は、中世の掘立柱建物の柱は柱穴の中央にあることはほとんどなく、柱穴の芯々で柱間寸法を計測する意味はない。

ところで、柱間寸法について前記の㋑からこの傾向が導き出されたが、このなかで㋑の六尺六寸

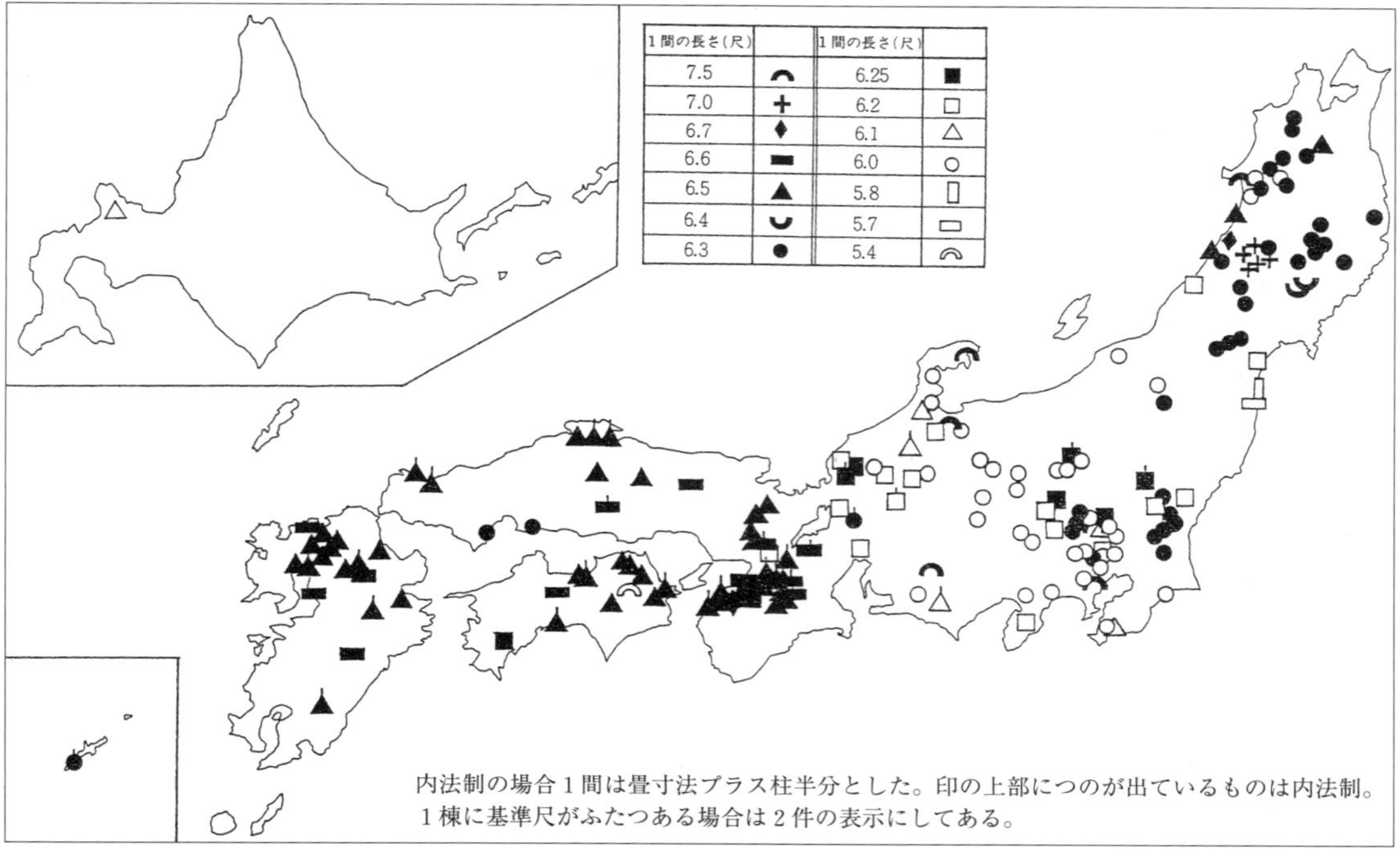

図59　基準尺の地域分布（西和夫「一間の長さの変遷とその地域分布」から転載）

の寸法は六尺五寸ではないかとの指摘があった。中世以前のデータはほとんどないが、近世以降の現存建物の基本尺を見ると、六尺六寸という寸法は西日本にしかないという。この指摘を受け、建物総長からの割り出しや、野帳に記載していた現場での実側メモ（柱痕があるところで部分的に実測していた）、南部氏関連遺跡での確認例などで再度検証したが、やはり六尺六寸は六尺六寸の可能性が高いと判断された。

３　建物配置の変遷

これまでの作業で、柱穴群が間取りや平面形式等からみて「建築物としての建物跡」と確認されたら、次の段階に移る。変遷の考証である。

変遷をたどるために最初に行ったことは、柱穴の切り合いから建物跡の新旧関係を把握することである。本丸では建物跡が密集しているために、多くの場合柱穴が重なるように掘られている（主殿地区では一平方メートルに一〇個程度の柱穴がある）。発掘現場では個々の柱穴を少しずつ掘り下げ、新旧関係を把握してきているので、このデータから本丸で検出された三五四棟の新旧関係表を作成した。新旧関係で矛盾が生じた場合、たとえば（旧）建物Ａ→建物Ｂ→建物Ｃ→建物Ａ（新）と新旧が逆転することがあるが、このときはそれぞれ切り合っている柱穴の取り替えを検討する。本丸では同規模・同形式の建物が、ほぼ同じような場所でくり返し建替えられている傾向があり、この場所は一一の地区に分けられる。

これらのことを前提として一七期の長期にわたる遺構変遷が組まれており、その手順は次のとおりである。

①建物の占地場所のまとまりにより一一の地区

に分ける。

②各地区のなかで軸方向が同じ建物を選別する。

③②で選んだ建物は同時期に存在したものと考える。

④各地区内で建物の新旧関係を検討する。

⑤④をもとに各地区間の新旧関係を確認する。

⑥④・⑤の作業から新旧関係を最も長く追える関係を探す。

⑦⑥で主殿が一七時期にわたっていることが確認されたので、これを変遷の基準とした。

このように、本丸では主殿が連続して建築されていることからこれを変遷の軸とし、主殿の各時期に対応すると考えられる建物を配置していった。近接する建物の軸方向を揃えることや屋根の重なり等に留意しながら、この作業はすべての建物がおさまるまで何度もくり返された。御殿の配置はそれほど困難ではなかったが、棟数の多い倉庫等の付属屋の確定に手間取った。

なお、本丸では地区ごとに建物の軸方向のまとまる範囲が異なり、同一時期の建物でもかならずしも一定ではない。このことは、建物の性格によって軸方向を変えているためと解釈されている。古代の官衛のように、一連の施設が同じ軸で統一されていたとすれば、本丸の場合、一七期の三倍近い時期変遷を認めることになり、そのなかには主殿がなく不自然な遺構配置が相当数出現することになる。建物の建替えは老朽化ばかりではなく、当主の代替わり等のように意図的になされる場合も想定されるが、このことを考慮しても、建物配置が同一の軸方向で構成されていた変遷時期数を想定することはむずかしい。二、三年で館主が気ままに建替えたと考えれば別であるが。

根城の場合、主殿等の御殿がほぼ同じ位置で建

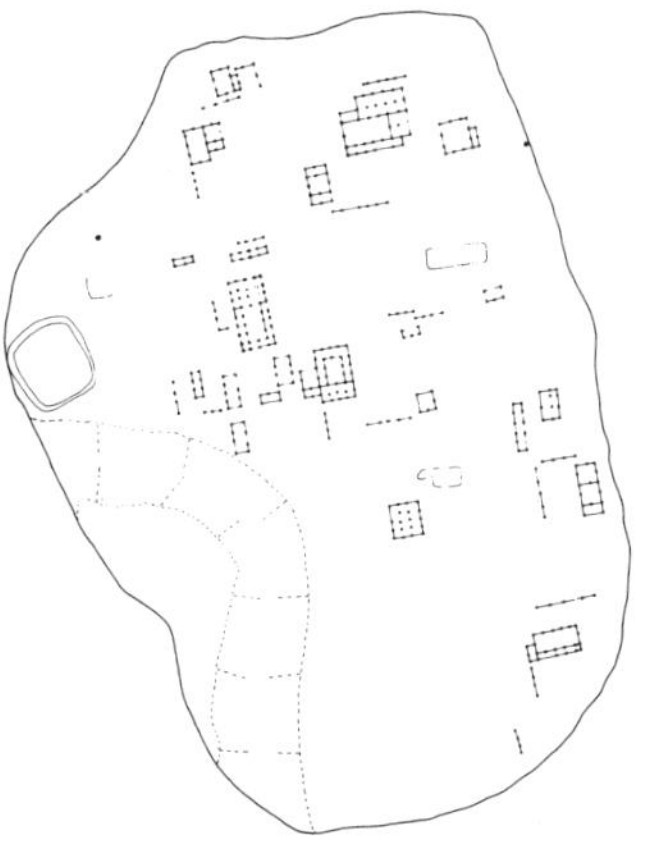

第　1　期

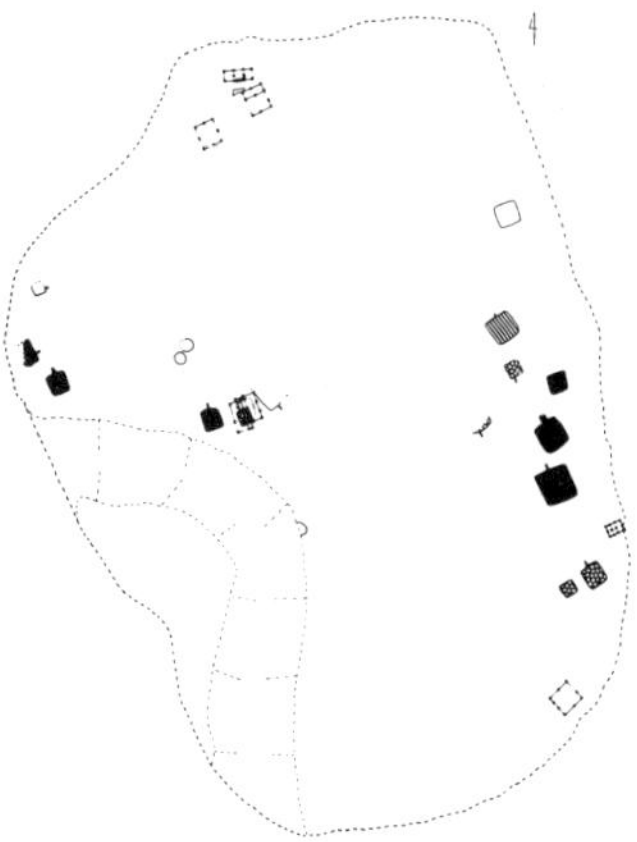

古代の竪穴住居跡(7C後半～)
時期不明の掘立柱建物跡

第　3　期

第　2　期

図60　遺構配置変遷図（1）　第1期が古く、以後順に新しくなる。

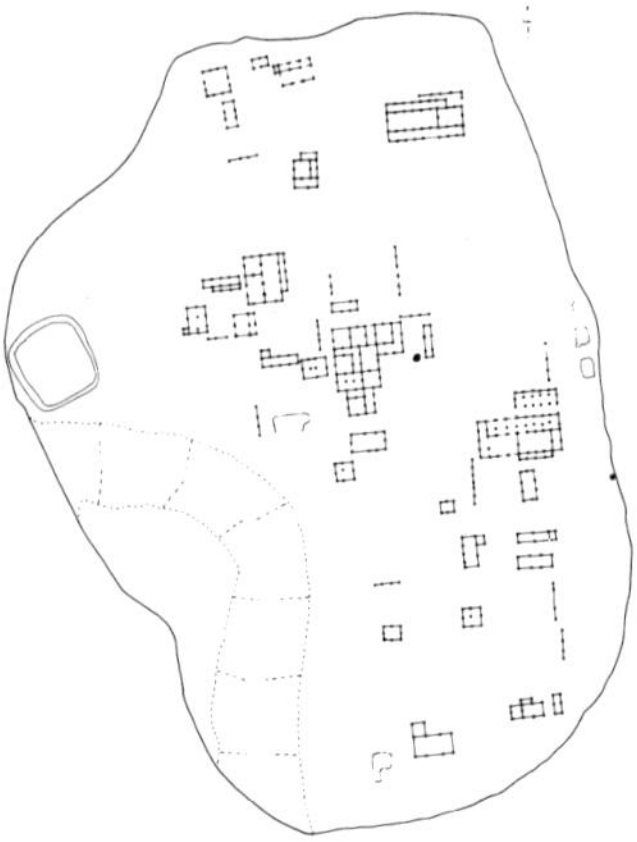

第　5　期

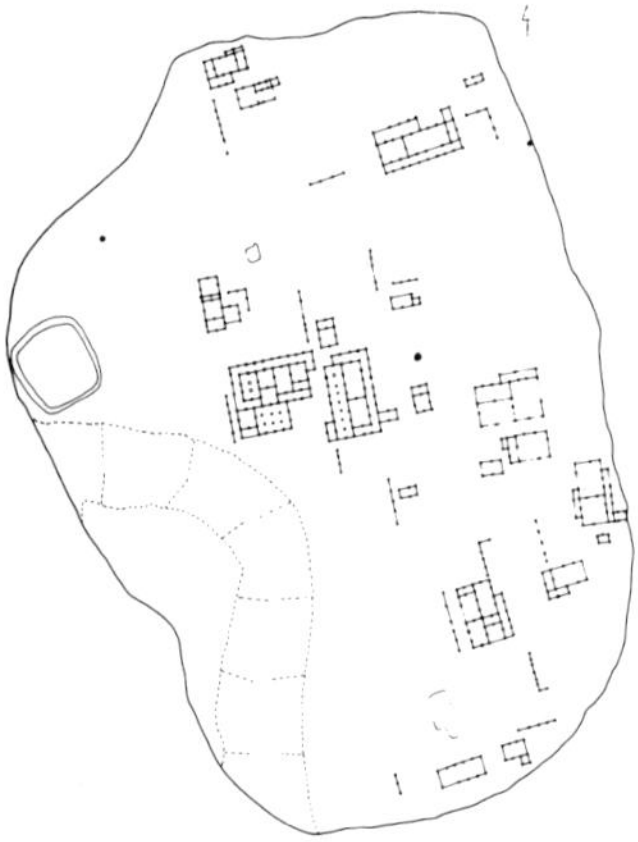

第　4　期

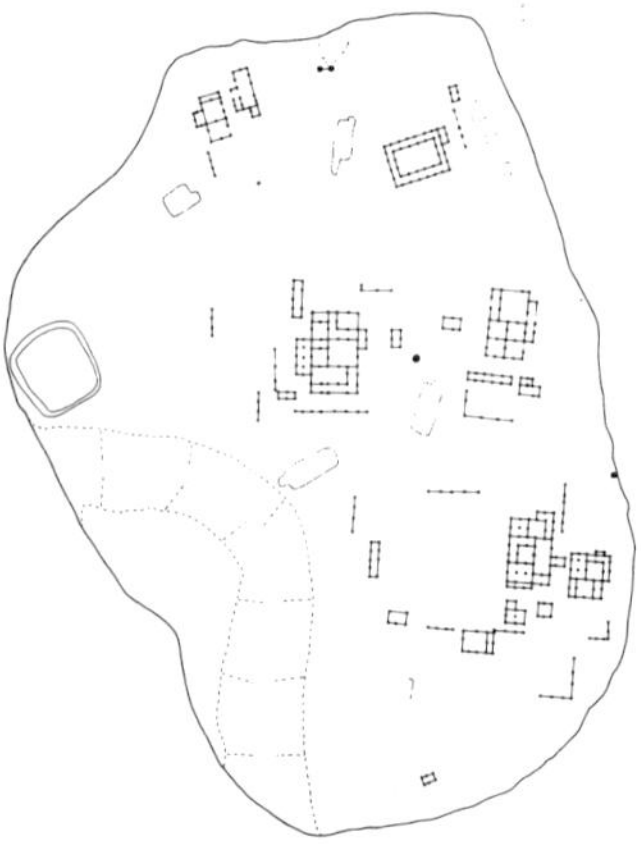

第　7　期

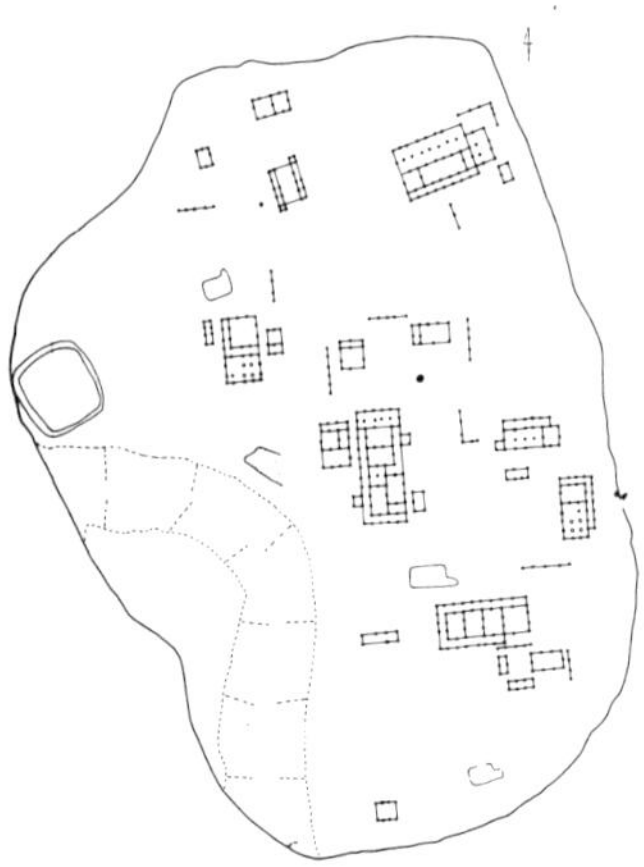

第　6　期

図61　遺構配置変遷図（2）

第　9　期

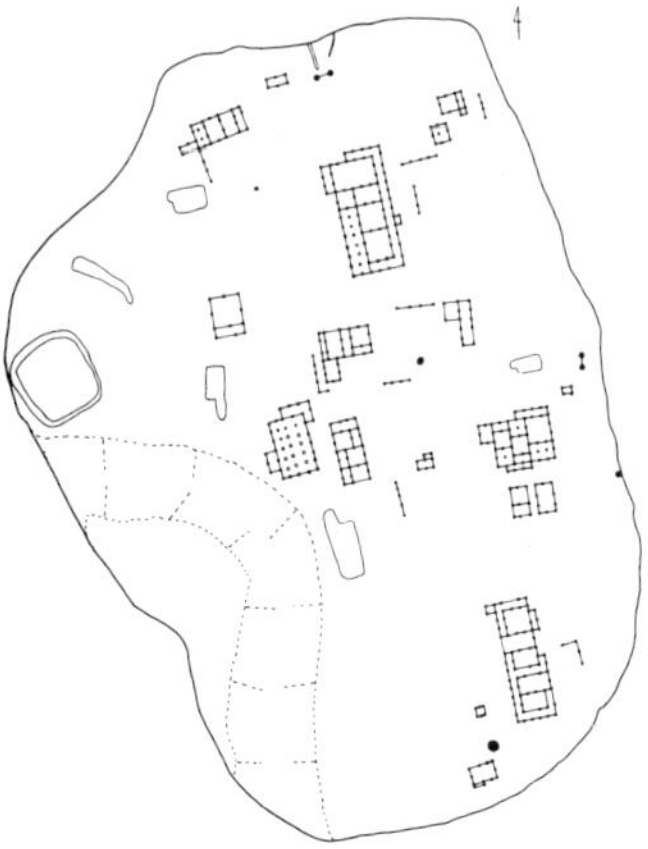

第　8　期

第　11　期

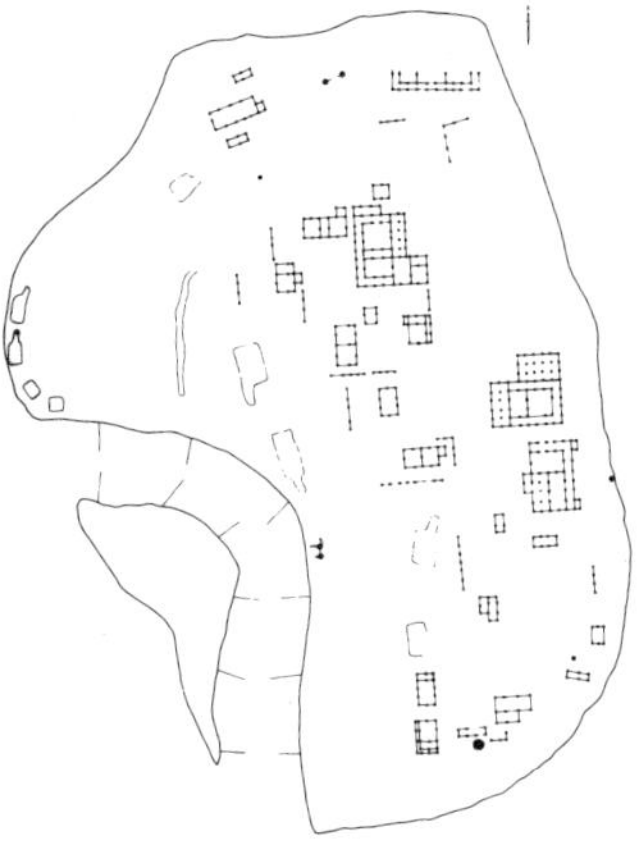

第　10　期

図62　遺構配置変遷図（3）

第　13　期

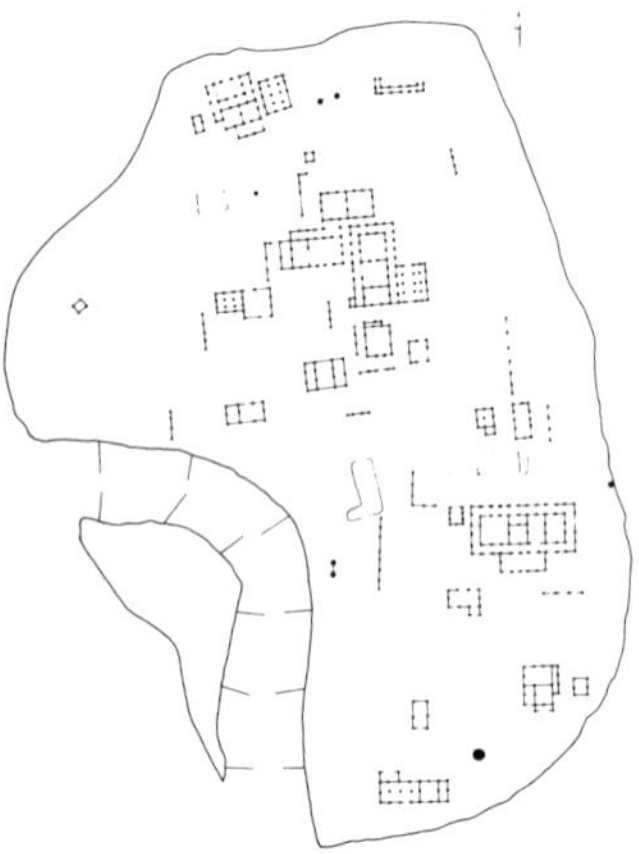

第　12　期

第　15　期

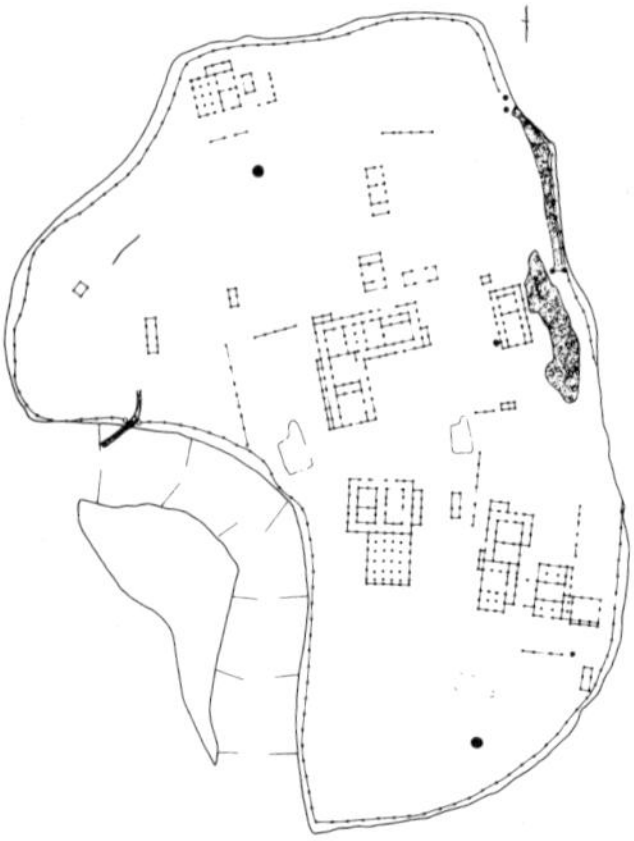

第　14　期

図63　遺構配置変遷図（４）

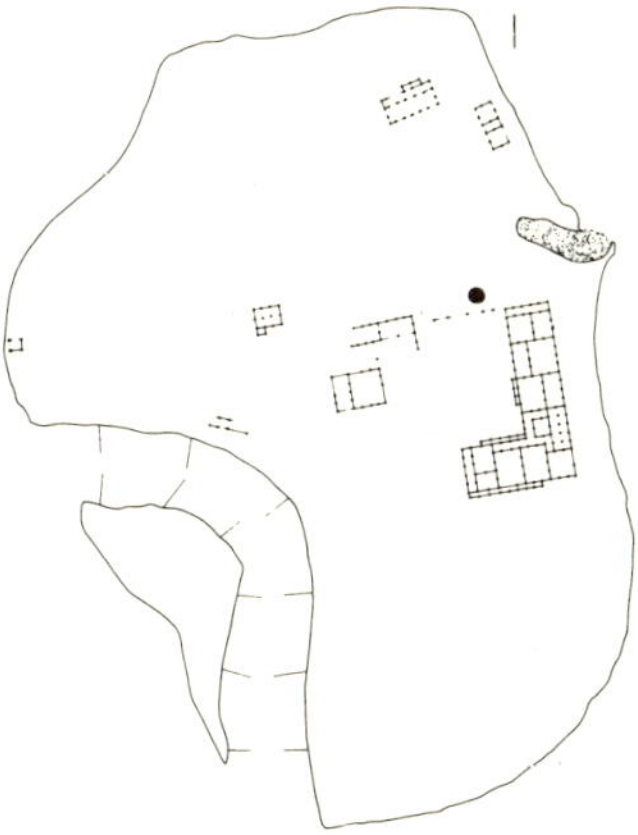

第　17　期

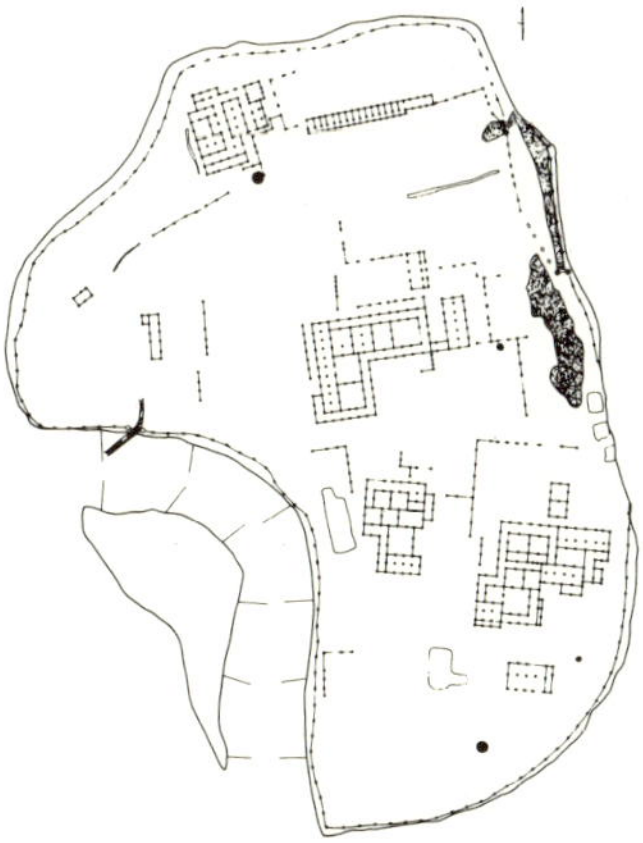

第　16　期

廃城後（18C 後半以降）遠野から櫛引八幡宮へ流鏑馬を奉納する一行が禊をした施設

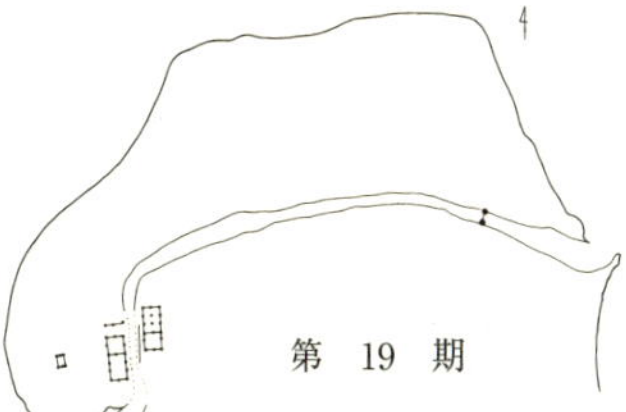

第　19　期

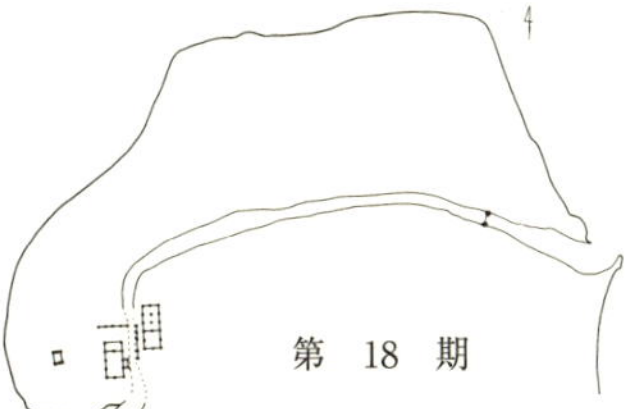

第　18　期

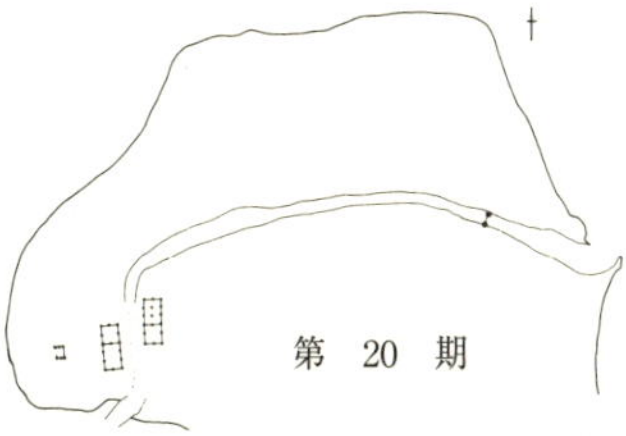

第　20　期

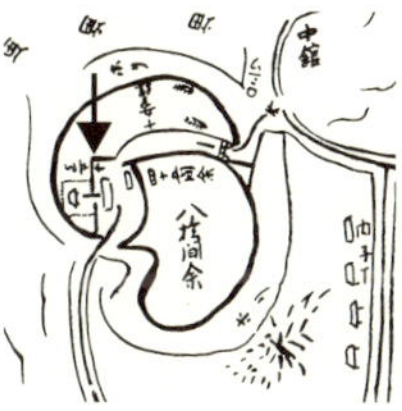

昭和年間の絵図より（図15参照）

図64　遺構配置変遷図（５）　18～20期の建物は左から祠・長床・馬屋と推定

替えられており、新旧関係をかなり特定できたことが遺構変遷作成上の重要な要素である。

4　遺構変遷の概要

前節の作業の結果、本丸城館期の遺構配置が一七期であり、出土遺物や主殿の平面形式の検討から、南部氏が居館とする以前である鎌倉時代と推定される館や、廃城後の建物配置も明らかになっている。

一三三四（建武元）年に南部氏が甲斐から居を移すまで、根城を取り巻く一帯は鎌倉の北条得宗領であり、その有力な被官に工藤氏がいた。遺構変遷の一期～四期までが南部氏以前である工藤氏の館と推定される遺構配置で、主屋となる建物が古代の建物が変化した寝殿造系となっている。これに対し、五期以降が南部氏の館と考えられ、館の中心建物である主殿が間仕切りを多用する書院造系へと大きく変化している。このように、根城で検出された当初の館主は北条得宗家被官の工藤氏であり、工藤氏の館跡を利用して南部氏が居館を整備していったと想定されている。

遺構変遷における各時期の年代は、それぞれの時期に配置されている個々の建物の柱穴から出土した遺物によって推定していくことになるが、残念ながら各時期の存続年代はかならずしも明確ではない。その理由として、年代決定に最も有効な陶磁器の出土量がそれほど多くないこと、出土した陶磁器の年代幅（製作→使用→廃棄）が一様でなく、建物の年代を特定するのがむずかしいこと、建物の建替えが激しく、柱穴の掘り返しによって遺物が混在している可能性が高いこと、建物の建替えが建物の耐用年数と無関係になされる場合（当主の代替わり等）があることなどが上げられる。最終的な報告書では、出土陶磁器全体の制作年代の幅、掘立柱建物の耐用年数（二〇年と推定）、南部氏の在城期間、歴代当主の在任期間、根城の破却、御殿の建物形式の変化等を基にし、総合的に判断した年代を各時期に与えている。

一七期にわたる遺構変遷をみると、本丸内の空間利用はほとんどと変化せず、中央付近に主殿、その北に馬屋・倉庫、主殿の南が奥向きとなっている。主殿の平面形は四種類ほどに分けられるが、そのなかでも根城本丸を特徴づける建物として、曲家風のL字形平面の主殿がある。十六世紀になって四時期にわたって建築された、根城独特の建物形式である。

なお、このL字形平面の主殿とともに確立するのが、主殿、常御殿、奥御殿の三つの御殿配置である。これらの御殿は近世の城では表、中奥、奥とよばれるものに相当する。主殿だけの時期があり、その後奥向きの建物が建てられ、さらに主殿から当主の公的な施設が分離していくようすをたどることができる。また、十五世紀中頃から主殿のなかに三間×三間の部屋、いわゆる《九間（ここのま）》が恒常的に設けられる。九間は中世では一般的に最も格式が高く、広い部屋である。

作業場と考えられる竪穴建物は主要な施設として各時期にあり、井戸は主殿域や奥向きなどのように性格の異なる空間ごとに設けられている。

5　根城の破却

本丸の発掘調査が終盤になってきたころ、外周柵や虎口のほか、虎口まわりの堀を埋め戻す土木工事が十六世紀末の一時期に行われていることが明らかとなってきた。さらに、この時期を境にして、本丸内の建物配置や本丸の構えが大きく変化

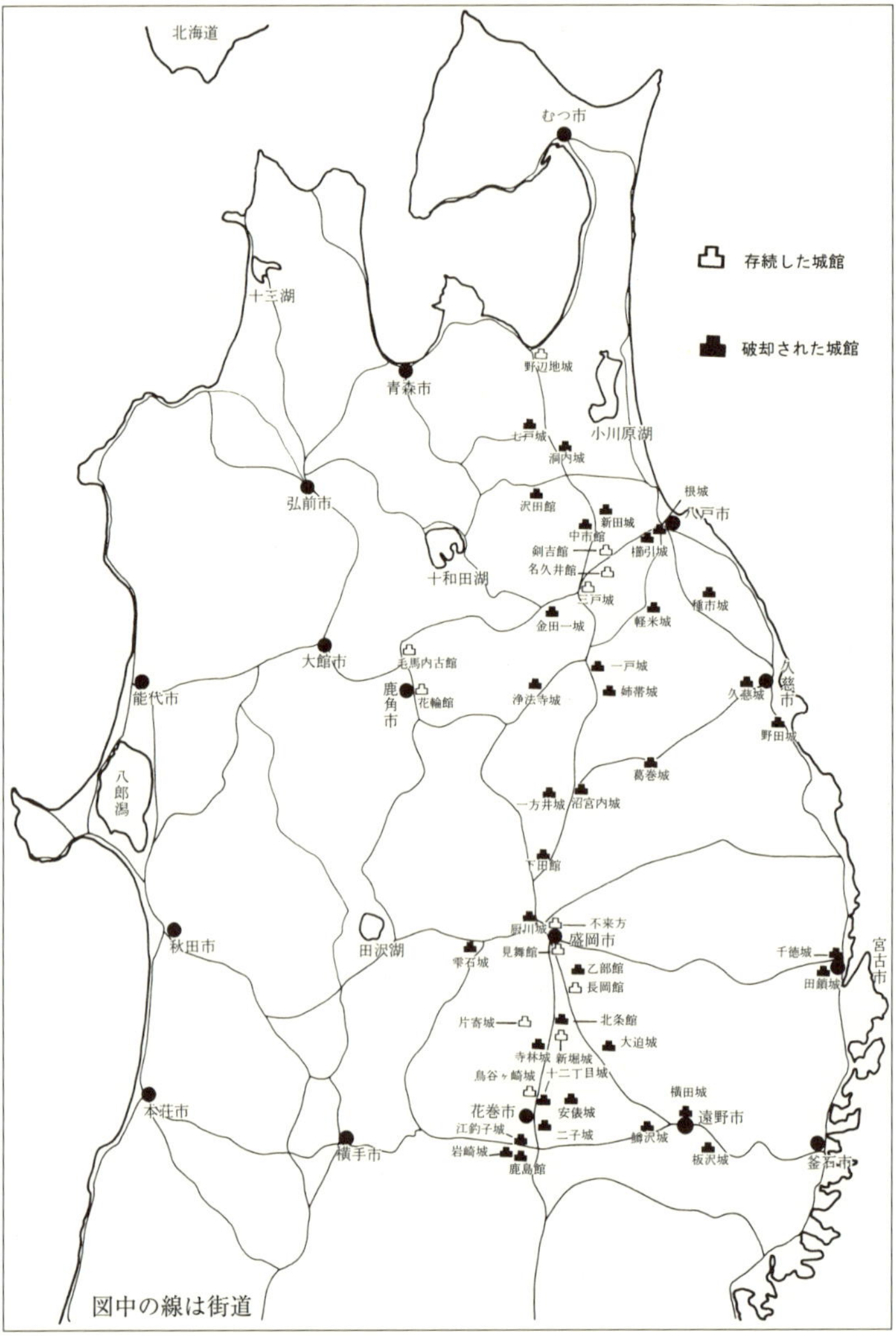

図65　南部氏領内の城破却

三戸南部氏の本城である三戸城を中心とし、領地支配の拠点となる城は破却せずに残していた。

表6　天正二十年南部領内の城破却（城破り）

番号	城名	郡名	城制	存破	持分	代官
1	鳥谷崎	稗貫	平城	存続	南部　主馬之助	
2	鬼柳	和賀	平城	破却	〃	鬼柳　源四郎
3	二子	〃	平城	破却	〃	川村　左衛門四郎
4	岩崎	〃	山城	破却	南部　信直	藤四郎
5	江釣子	〃	平地城	破却	〃	川村　与三郎
6	安俵	〃	平城	破却	〃	中野　修理
7	十二丁目	稗貫	平城	破却	寺前　縫殿助	
8	寺林	〃	平城	破却	南部　信直	左平治
9	新堀	〃	山城	存続	江刺　兵庫	
10	大迫	〃	山城	破却	〃	九日町　十郎兵衛
11	片寄	志和	山城	存続	中野　修理	
12	肥爪	〃	平城	破却	南部　信直	川村　中務
13	見舞	〃	平地城	存続	〃	日戸　内膳
14	長岡	〃	平地城	存続	南部　東膳助	東膳之助
15	乙部	〃	平地	破却	福士　右衛門	左衛門
16	不来方	岩手	平地城	存続	福士　彦三郎	
17	厨川	〃	平地	破却	工藤　兵部少輔	
18	下田	〃	平地	破却	川村　中務	
19	沼宮内	〃	平城	破却	川村　治部少輔	
20	滴石	〃	平城	破却	南部　信直	八日町　兵太郎
21	一方井	〃	平城	破却	安保　孫次郎	
22	姉帯	糠部	平城	破却	野田　甚五郎	
23	一戸	〃	平地	破却	南部　信直	石井　信助
24	葛巻	〃	山城	破却	工藤　掃部助	
25	増沢	〃	山城	破却	浅沼　忠次郎	
26	横田	〃	山城	破却	南部　信直	九戸　左馬助
27	板沢	〃	山城	破却	浅沼　藤次郎	
28	千徳	〃	山城	破却	一戸　孫三郎	
29	田鎖	〃	山城	破却	佐々木十郎左衛門	
30	野田	〃	山城	破却	一戸　掃部助	
31	久慈	〃	山城	破却	南部　信直	久慈　修理
32	種市	〃	山城	破却	久慈　孫三郎	
33	古軽米	〃	山城	破却	古軽米左衛門	
34	金田一	〃	山城	破却	南部　信直	木村　杢之助
35	三戸	〃	山城	存続	〃	留守居　甲斐
36	名久井	〃	平地	存続	南部　中務	留守　彦七郎
37	剣吉	〃	平地	存続	南部　左衛門尉	〃　彦八郎
38	毛馬内	鹿角	山城	存続	南部　大学	
39	花輪	〃	山城	存続	大光寺　左衛門	
40	浄法寺	〃	山城	破却	畠山　修理	
41	櫛引	糠部	平地	破却	南部　信直	桜庭　将監
42	八戸	〃	平地	破却	南部　彦次郎	名代　弥十郎
43	中市	〃	平地	破却	小笠原　弥九郎	
44	新井田	〃	平地	破却	南部　彦七郎	
45	沢田	〃	平地	破却	恵比奈　左近	
46	洞内	〃	平城	破却	佐藤　将監	留守　左近
47	七戸	〃	平地	破却	南部　信直	横浜　左近
48	野辺地	〃	山城	存続	七戸　将監	留守　左近

森　嘉兵衛著作集第八巻『日本僻地の史的研究　上』（「山根伊藤文書」）（「聞老遺事」「篤焉家訓」）による

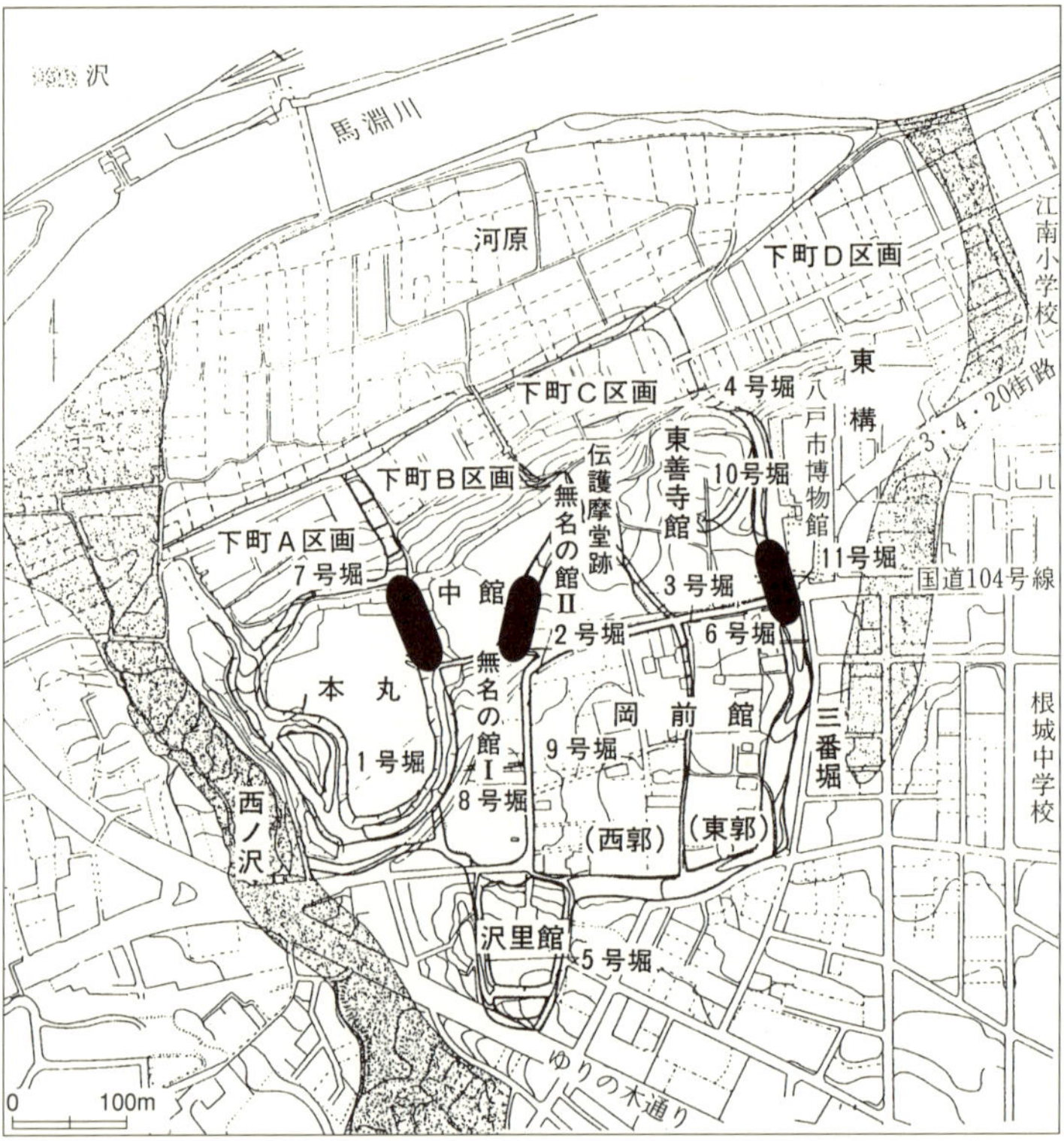

図66　本丸建物の変化と破却によって埋め戻された堀

していることも確認された。また、堀の一部を埋め戻す地業は中館、東善寺館、三番堀でもみられるようになり、豊臣秀吉の奥州仕置にともなって行われた、根城の破却のことが現場でも話題に上るようになった。根城が破却されたことは文献に残っているが、そのときの社会背景は次のとおりである。

一五八七（天正十五）年、豊臣秀吉は天下統一を目指して「関東・奥両国惣無事令」を発令し、徳川家康にその仕置を命じたが、奥羽の諸大名には徹底しなかった。やがて九州を平定した秀吉は関東・奥羽に目を向け、小田原の北条氏の討伐を命令し、奥羽の諸大名にも参陣を命じた。この小田原に参陣しなかった大名が奥羽にもいたため、秀吉は「奥羽仕置」のため豊臣秀次を総大将として北上を開始し、宇都宮に奥羽の諸大名を集めた。ここには南部氏を代表して三戸南部氏が参陣し、根城南部氏は留守を預かっている。

この地で諸大名は所領安堵の朱印状を与えられたが、三戸南部家（信直）の所領安堵状の内容は、「一、南部内七郡の所領安堵。二、妻子を京都に住まわせること。三、知行方検地。四、本城（三戸城）のみを残し、他の城は悉く破却すること。五、以上のことに逆らえば成敗する」というものであった。

その後、秀吉の仕置軍が撤退すると、奥羽各地で一揆が起こったが、このような状態のなかで、九戸城の九戸政実は公然と三戸南部氏に反旗を翻した。南部氏宗家はこの反乱を収めることができず、豊臣秀吉に救援を要請し、秀吉は一五九一（天正十九）年、「奥羽再仕置」のため豊臣秀吉を総大将とする大軍を北奥羽に進軍させた。当年九戸城は落城し、九戸政実は斬首された。

そして、翌年の一五九二（天正二十）年の史料である『南部大膳大夫国内之内諸城破却共書上之事』からは、南部氏支配地にあった四八城のうち、三戸南部氏の本城である三戸城と領地支配の拠点となる一二城を残し、他の三六城を破却したことが知られる。破却された城のなかに「八戸」と記載された根城もあるが、破却という行為の具体的な内容は記載されていない。

根城の発掘調査で確認されたこのような行為を天正期の破却とし、具体的な根拠を示したのが当時私の上司であった八戸市博物館副館長・栗村知弘であった。根城の破却は、本丸遺構変遷の最終段階における実年代を与えうる事実として、きわめて重要なことであった。栗村は根城の破却を次の四点に要約している。

①防衛上重要な虎口の門、橋、柵などの破壊。
②堀の主要部を埋め立てる。
③本丸外周柵を壊す。
④虎口形態の道を簡易な道に付け替える。

すなわち、破却は城の防備上重要な施設を破壊し、城としての機能、軍事的な機能を失わせればよかった。根城の場合、土木工事面、普請に重点がかけられた破却であったとしている。本丸と一連のものと思われる地業は、中館・東善寺館・三番堀の調査でも確認されており、堀の交点にあたる部分を集中的に埋め戻し、曲輪間を容易に通行することができるようにしている。

なお、根城の破却についての詳細は『城破りの考古学』を参照されたい。

6 本丸以外の資料整理

整備計画では本丸以外は植栽等の暫定整備であったため、調査は遺構面までの深さや遺構の有無を確認することが目的であった。調査内容は『根城—環境整備の発掘調査』報告書にまとめられ、パンフレットや概説書作成の基礎資料になっている。また、堀跡の調査成果は整備レベルの設定や、中館に設置したブロンズ製の史跡全体模型に盛り込まれ、中館には検出された掘立柱建物跡を基にした四阿《あずまや》が建てられている。

中館、無名の曲輪、東善寺館の曲輪をそれぞれ連絡する橋（土橋）を園路に利用するという計画があったが、関連する遺構が検出されなかったため、任意の園路設定となっている。

Ⅵ　史跡の環境整備

1　整備方針の決定

史跡根城跡の環境整備事業の実質的な始まりは、本丸の発掘調査が終盤にさしかかった一九八三（昭和五十八）年度にさかのぼる。調査成果が十分にまとまらない焦りを感じながら、「史跡根城跡環境整備基本設計書」が策定された。このときに提示された課題や基本方針は次のとおりである。

①全体の曲輪の性格を明らかにするため調査を早急に行い、城としての縄張りを復原する。

②埋没している堀については、曲輪の範囲を明確にする目的で遺構の確認調査を行い、遺物包含層を保存しながら整備する。

③整備範囲は短期（今回）・長期計画に分け、短期的には本丸、中館、東善寺館および三番堀の復原整備を行い、岡前館、沢里館については城内の一部として、説明板・案内板を設置する。

④整備内容は、現在進んでいる本丸を城館期の生活や建物を学習する上での野外博物館と

し、積極的に復原を行う。
⑤中館・東善寺館については、できるだけその平場を残し、自由に使えるようにする。
⑥三番堀は岡前館・沢里館への周回路として利用する。
⑦整備順序としては、調査終了順序に従い、曲輪ごとに行う。
⑧本丸・中館・東善寺館の虎口・土塁・構えを早急に確認し、それらの復原を行う。
⑨建物については、大型竪穴建物跡、掘立柱建物跡を本丸内の検出遺構を基に復原する。また、門についても各曲輪の調査にもとづき復原する。
⑩周回路については、堀底道を利用して各曲輪を周回できるようにし、曲輪の連絡は博物館との連絡を含め、橋（簡易な木橋）を設けて曲輪のイメージを高める。

しかし、この段階での整備計画は、本丸の発掘調査が約六割に満たない状況で策定したものであり、その後、発掘調査成果を反映して一九八九（平成元）年度には整備計画のローリングが行われることになった。

この基本設計書をもとに一九八五（昭和六十）年から六カ年計画で事業が開始された。五月に文化庁記念物課主任調査官を中心とした環境整備事業総合打合せが行われ、このときの確認事項は、次のとおりである。

①整備対象時期を城郭期の最終段階とする。
②整備範囲は「本丸」、「中館」、「東善寺館」を対象とし、「本丸」については発掘調査の成果にもとづいて復原整備を行い、「中館」・「東善寺館」は、曲輪の範囲・堀跡・虎口の明確化など最小限の整備とする。
③一九八五（昭和六十）年度事業は整備範囲の

地形測量、「本丸」の遺構保存盛土工事、およびその設計管理委託とする。

このうち、①については、市としての復原対象が師行による築城期であったが、発掘調査で確認された遺構の重複状況から見て、遺構の保存を図りながらこの時期を特定し整備するのは困難。また、②は、本丸以外までを対象とし本格的な整備を行うのは、あまりに長期にわたる事業となるという指摘があり、さらに検討することとなった。

同年十二月、文化庁調査官を中心に本丸整備の具体的な検討を行い、次のことが確認された。

①「本丸」整備については柵・門・掘立柱建物・竪穴建物の表示を行う。

②整備のため、本丸検出遺構の時期変遷と遺構の性格についてより詳細に解明すること。

③整備対象時期は、遺構変遷および各時期の遺構配置が明確になった段階で決定する。

このことを受け、本丸検出遺構の再検討と遺構の変遷解明に向け、二年に及ぶ作業が開始された。一九八七（昭和六十二）十二月に奈良国立文化財研究所宮本長二郎氏の出席を得て、本丸の整備対象時期を遺構変遷の一六期（十六世紀末）とし、遺構整備方法の検討に入ることが了承され、翌年二月に文化庁へ経過を説明し、了承された。

2　整備対象時期の本丸

本丸の整備対象時期とされたのは遺構変遷の一六期（十六世紀末）であり、豊臣秀吉の奥州再仕置により、根城が破却される直前の館跡と推定している。文献によると、この時期の当主は一八代南部政栄に相当する。この時期は、発掘で確認された破却の地業により年代が特定でき、主殿をはじめとする建物のほかに、曲輪の外周を巡る柵、

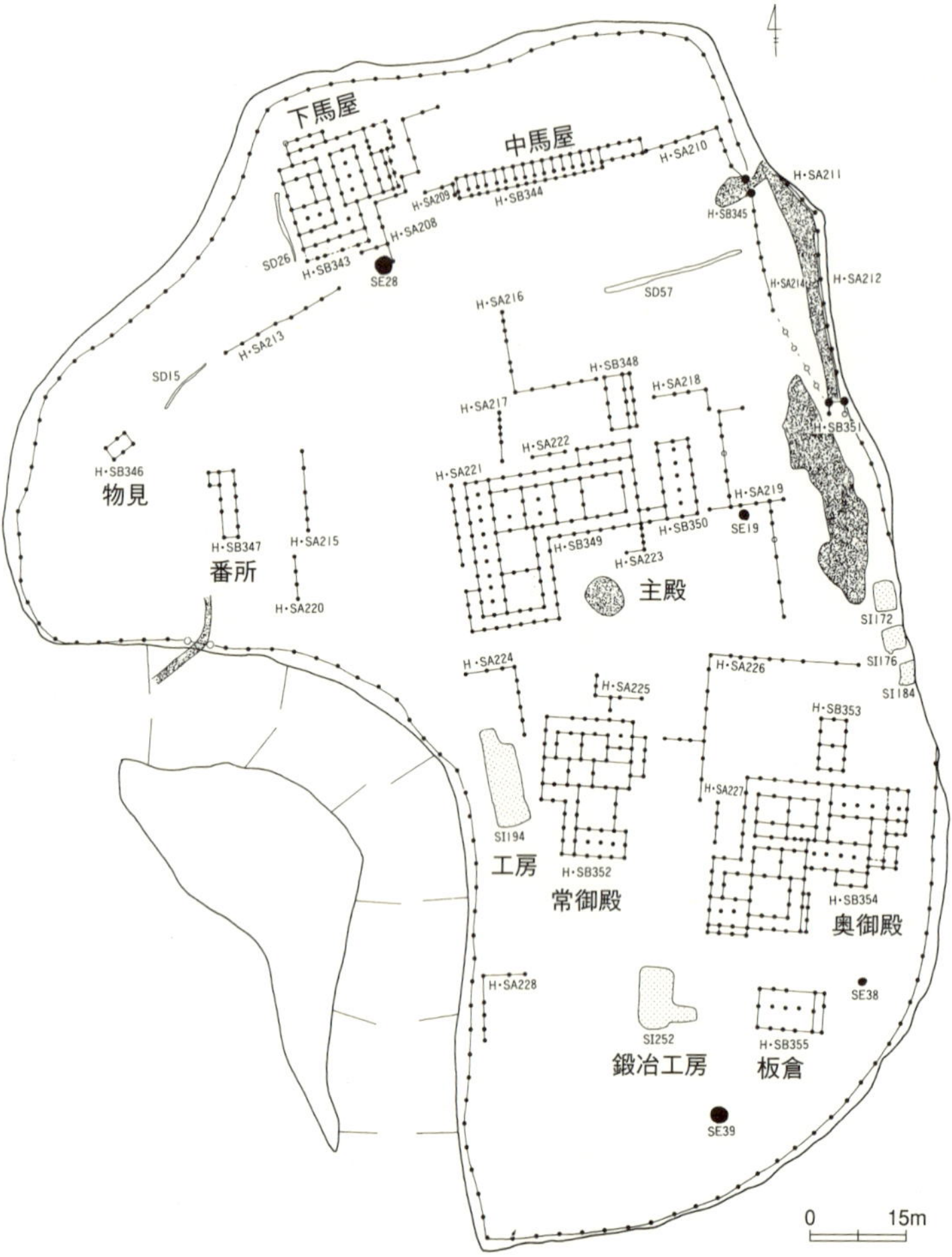

図67　整備対象時期の遺構配置（16期）

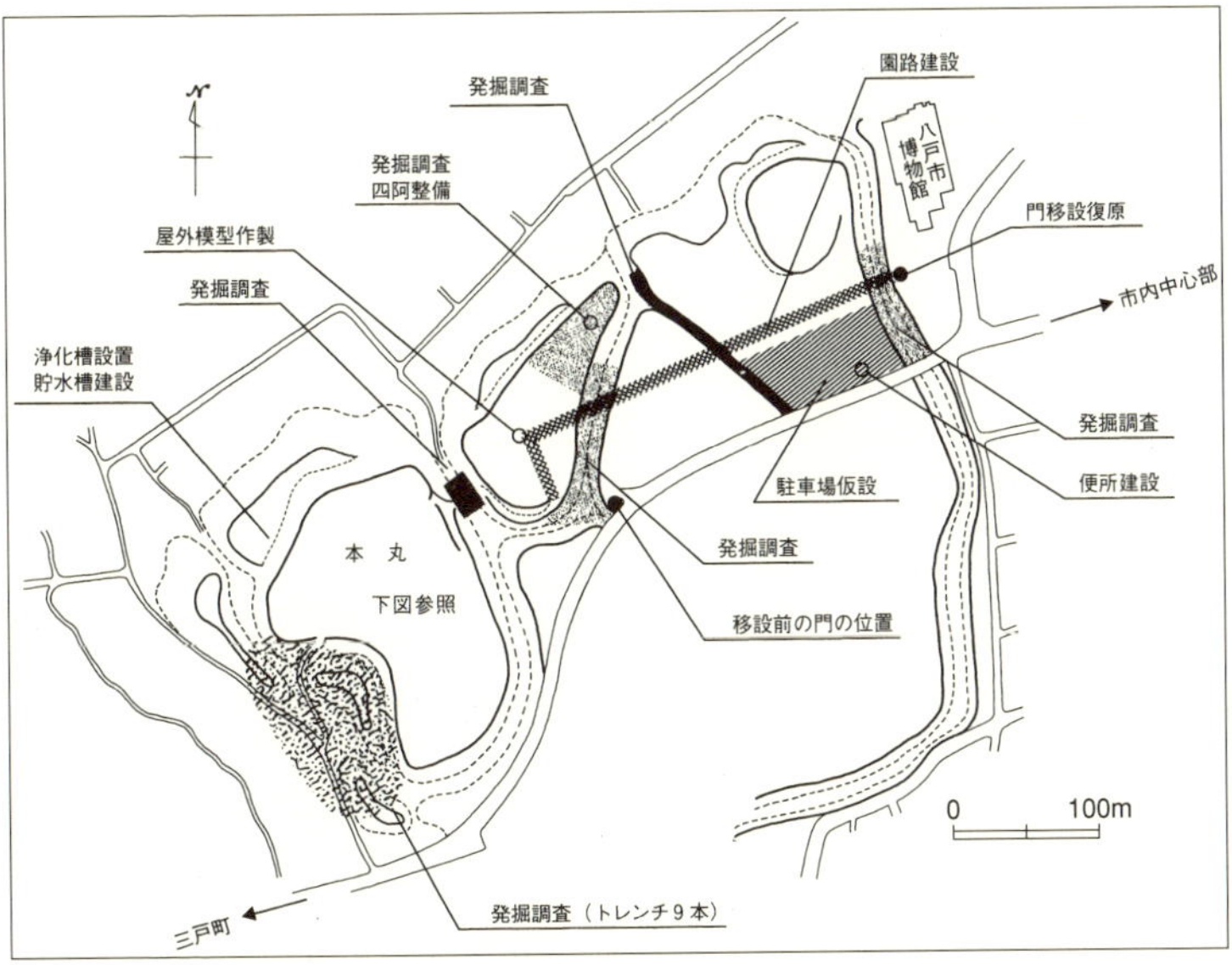
発掘調査
園路建設
八戸市博物館
発掘調査
四阿整備
門移設復原
屋外模型作製
市内中心部
発掘調査
浄化槽設置
貯水槽建設
発掘調査
便所建設
駐車場仮設
本丸
発掘調査
下図参照
移設前の門の位置
0
100m
発掘調査（トレンチ９本）
三戸町

図68　整備概況図

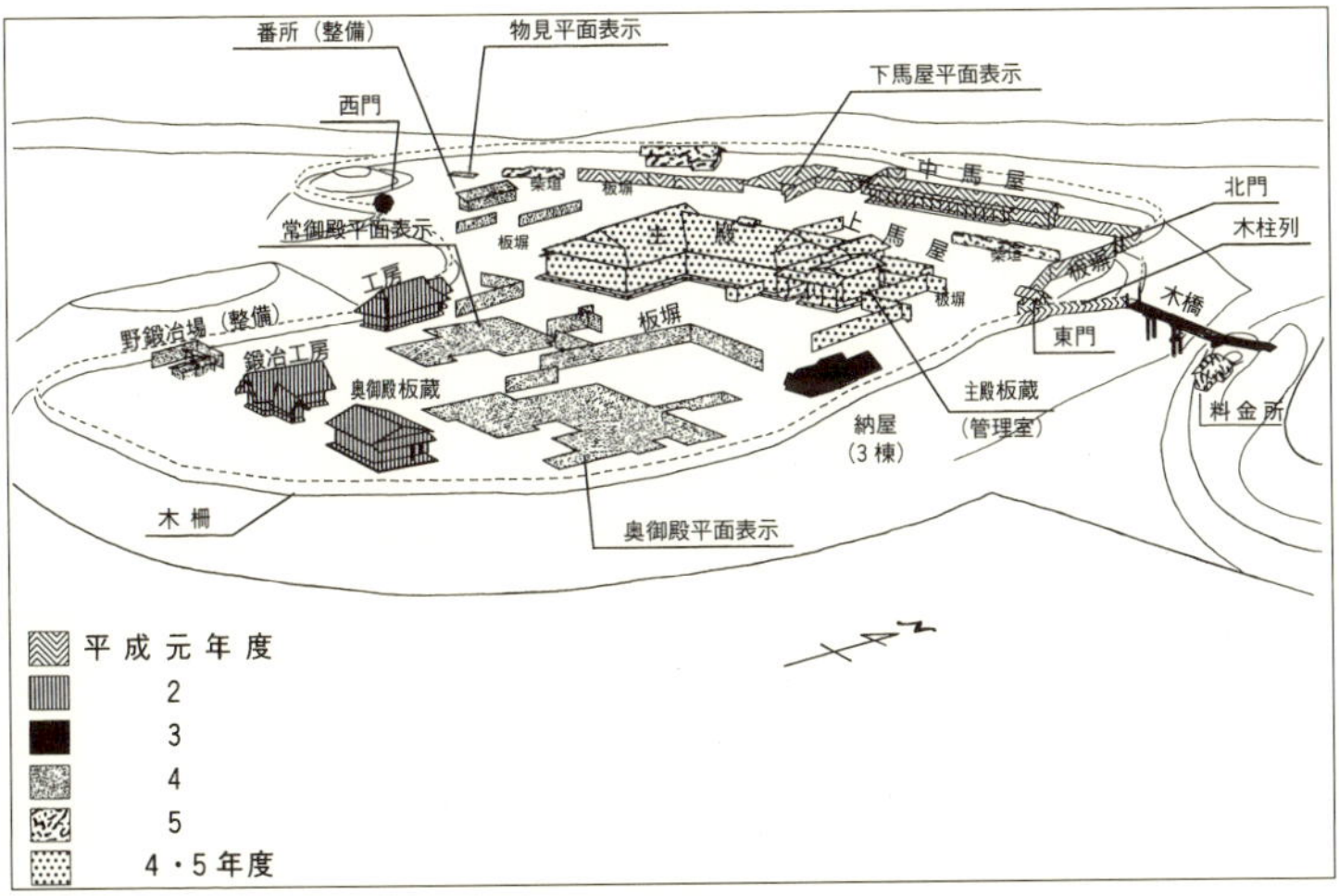
番所（整備）
物見平面表示
下馬屋平面表示
西門
中馬屋
北門
常御殿平面表示
主殿
上馬屋
木柱列
工房
板塀
木橋
東門
野鍛冶場（整備）
鍛冶工房
奥御殿板蔵
主殿板蔵
（管理室）
料金所
納屋
（３棟）
木柵
奥御殿平面表示
平成元年度
2
3
4
5
4・5年度

図69　本丸内整備状況図

門や通路などの虎口、堀を渡る橋など、城館を特徴づける施設が最もよく残っていることが整備時期選定の大きな要因となった。

整備の対象とした遺構は、「主殿」、「常御殿」、「奥御殿」、「上馬屋」、「中馬屋」、「下馬屋」、「番所」、「物見」、「工房」、「鍛冶工房」、「板蔵」、「納屋」、「野鍛冶場」、「木柵」、「門」、「木橋」、「通路」、「板塀」、「柴垣」、「井戸」である。

なお、当時の呼称が明確ではないため、各施設や建物内の部屋は建物の位置や規模、平面形、間取りなどから推定された名称がつけられた。

この時期の施設配置は、曲輪の外周に柵を巡らし、東、北、西に門がある。東門が本丸の正門、北門は通用門、西門は搦め手側の門と考えられ、東・北門からは木橋に連続する通路がある。曲輪内の中心には曲屋風の平面形が特徴的な「主殿」があり、その北側には「馬屋」、「番所」、「物見」が置かれ、南側には奥向きの建物である「常御殿」、「奥御殿」のほか、「板蔵」や「工房」などの作業・収納施設を配置している。

このような施設配置から、本丸の中央は《政務域》、北側は《軍事域》、南側は《奥向きの区域》と考えられ、曲輪内には「井戸」をともなった性格の異なる三つの空間があり、これらの空間の分割には塀や垣根が効果的に使われている。

復原整備に対する賛批両論があるなかで、根城はこれまでの整備手法である平面表示を取り入れながらも、本丸の象徴的な建物である「主殿」を中心とし、建物復原を主眼とした整備を進めることになった。また、復原した建物内には建築工事終了後、当時のようすを再現した展示も行うことになり、展示関係資料の収集も平行して進められた。

3　整備事業の概要

根城の復原整備はこの時点で方向性が定まり、その後一九八八（昭和六十三）年までの四年間で整備区域全体の地形測量、遺構保護盛土、柵の復原工事等が実施された。一九八九（平成元）年度からは、文化庁が新たに設けた一件平均一億円を基本事業費とする史跡等活用特別事業の採択を受け、一九九二（平成四）年度までの間に馬屋、門、竪穴建物、野鍛冶場の復原、奥御殿・常御殿の平面表示、遺構全体模型の設置等が行われ、事業がいちじるしく進行した。この事業ではガイダンス施設の設置が義務づけられていたが、根城の場合は八戸市博物館がこの機能をかねている。

さらに、一九九一（平成三）年度からは、自治省のまちづくり特別対策事業の採択を受けて、懸案であった主殿の復原工事・電気給排水設備工事が行われ、一九九三（平成五）年度には復原建物内の展示制作の委託などが行われた。その他、一九九三（平成五）・一九九四（平成六）年度は、文化庁の補助を得て行われた説明板等設置工事や張芝・園路工事のほかに、市単独事業によるトイレ、四阿新築工事、入口整備製作工事、駐車場整備工事が行われ、ようやく一九九四（平成六）年十月に「史跡根城の広場」オープンの運びとなった。整備工事は多岐にわたり、工事担当者は発注事務に追われる日々がつづいた。

また、一九九五（平成七）～一九九八（平成十）年度まで「城の中に植えられていたと考えられる薬草」、「籠城に備えて植えられた実のなる木」、「鑑賞の対象となった樹木」、「生活用具として役立てられた樹木」をテーマに植栽を行っている。これらは四季折々を演出するものであり、

表7　年度別史跡内整備状況

整備年度	工事名	予算種別	位置（郭名）	工事内容	工事期間
平成元年度以前		補助 補助	本丸 本丸	遺構保護盛土 「木柵」復原	昭和60～61年度に実施 昭和61年度より昭和63年度まで
平成元年度	史跡根城跡　発掘現場矢板打込工事	市単	本丸（法面）	東側法面整備	平成元年11月16日 ～平成2年1月4日
	史跡根城跡　整備工事	補助	本丸 本丸 本丸 本丸 本丸 本丸 本丸 本丸	「木柱列」復原 「木柵」復原 「板塀」復原 「東門」復原 「北門」復原 「中馬屋」復原 「下馬屋」平面表示 張芝	平成2年1月11日 ～ 平成2年3月25日
平成2年度	史跡根城跡　出入口整備工事	補助	本丸（法面）	東側法面復旧整備	平成2年12月27日 ～平成3年3月20日
	史跡根城跡　整備工事	補助	本丸	「板蔵」（奥御殿付随）復原 「工房」復原 「鍛冶工房」復原 盛土	平成3年2月2日 ～ 平成3年3月25日
平成3年度	史跡根城跡　植栽工事	市単	本丸～東善寺館の国道沿い	イチイを植栽	平成3年10月30日 ～平成3年12月28日
	史跡根城跡　雨水等排水管埋設工事	市単	本丸（法面） 本丸・中館間	東側法面に排水管を埋設 堀の法面整備	平成3年11月6日 ～平成4年1月14日
	史跡根城跡　給水管埋設工事	市単	本丸（内へ）	上水道の埋設引込み	平成3月11月19日 ～平成4年1月27日
	史跡根城跡　街灯設置電源引込 電話配管埋設工事	市単	本丸・中館間 本丸（内へ） 本丸（内へ）	街灯設置 電源の埋設引込み 電話線用配管埋設	平成3年11月22日 ～ 平成4年2月19日
	史跡根城跡　整備工事	補助	本丸 本丸 本丸 本丸 本丸 中館	「納屋1」復原 「納屋2」復原 「納屋3」復原 「西門」（両袖木柵含む）復原 盛土 屋外模型架台建設	平成3年11月28日 ～ 平成4年3月10日

	史跡根城跡　遺構模型製作委託	補助	中館	史跡全体・本丸復原状況の 屋外模型作製	平成3年11月28日 ～平成4年3月21日
	史跡根城跡　整備工事（木橋工事）	補助	本丸・中館間	「木橋」（周囲法面保護を含む）復原	平成4年2月11日 ～平成4年3月25日
平成4年度	史跡根城跡　盛土工事	補助	本丸	盛土	平成4年8月11日 ～平成4年10月9日
	史跡根城跡　整備工事	補助	本丸 本丸 本丸 本丸 本丸 本丸 本丸	「番所」整備 「物見」平面表示 「常御殿」平面表示 「奥御殿」平面表示 「野鍛冶場」整備 「板塀」復原 「井戸」平面表示	平成4年12月17日 ～ 平成5年3月20日
	史跡根城跡　整備工事	補助	本丸 本丸	説明板設置 標柱設置	平成5年2月4日 ～平成5年3月20日
	史跡根城跡　整備工事その2	市単	本丸 本丸	標柱設置 張芝（板蔵・鍛冶工房の南側）	平成5年2月21日 ～平成5年3月20日
平成5年度	主殿模型製作委託	市単	-------	主殿復原別案の模型作成	平成5年8月11日 ～平成6年3月15日
	展示製作委託	市単	本丸	復原建物内への展示品作製	平成5年8月11日 ～平成6年3月25日
	史跡根城跡　入口広場整備工事	市単	東構（博物館西脇） 東構（博物館西脇）	樹木移植 遺構保護盛土	平成5年8月24日 ～平成5年12月21日
	史跡根城跡　中館造成工事	市単	中館	遺構保護盛土	平成5年9月10日 ～平成5年11月10日
	史跡根城跡　東善寺館駐車場整備工事	市単	東善寺館	駐車場の仮設	平成5年9月10日 ～平成5年12月8日
	八戸市博物館引込柱移設工事	市単	東構（博物館西脇）	東善寺館の駐車場仮設に伴う 引込柱の移設	平成5年9月28日 ～平成5年12月26日
	史跡根城跡　北側排水施設工事	市単	本丸・中館間	本丸北側道路仮設に伴う 堀尻への配水管埋設	平成5年10月9日 ～平成5年11月17日
	史跡根城跡　北側道路整備工事	市単	本丸（北側帯郭）	浄化槽・貯水槽の管理用道路仮設	平成5年10月16日 ～平成5年11月24日
	史跡根城跡　門移設工事	市単	東構（博物館西脇）	八戸市指定文化財 旧八戸城「東門」移設復原	平成5年10月29日 ～平成6年2月25日

	史跡根城跡　本丸跡説明板等設置工事	補助	本丸	説明板設置	平成5年11月11日
			本丸	標柱設置	～
			本丸	張芝（奥御殿・常御殿の周辺）	平成6年3月20日
			本丸	「柴垣」復原	
	史跡根城跡	市単	本丸	「トイレ」建設	平成5年12月7日
	本丸便所および券売場新築工事		本丸・中館間	「料金所」建設	～
			本丸（北側法面）	北側法面に貯水槽建設	平成6年3月10日
	史跡根城跡　園路築造工事	市単	東善寺館～中館	園路建設	平成5年12月14日
					～平成6年1月30日
	史跡根城跡　本丸跡張芝等工事	市単	本丸	張芝（主殿の周辺）	平成6年1月11日
					～平成6年3月25日
	史跡根城跡	市単	中館	「四阿」建設	平成6月1月18日
	四阿および便所等新築工事		東善寺館	「トイレ」建設	～平成6年3月25日
	史跡根城跡　本丸出入口柵設置工事	市単	本丸	緊急車両進入路と本丸を画す扉の設置	平成6年1月18日
			本丸	緊急車両進入周辺（本丸内）の張芝	～
			本丸	「木柵」復原	平成6年3月25日
	史跡根城跡　説明板設置工事	市単	東善寺館～中館	説明板設置	平成6年1月19日
			東善寺館～中館	標柱設置	～平成6年3月25日
	史跡根城跡　捨郭張芝等工事	市単	捨郭	張芝	平成6年1月28日
			東善寺館～中館	各郭の縁辺へツツジ植栽	～平成6年3月25日
平成4年度からの継続	史跡根城跡　主殿復原工事	市単	本丸	「主殿」復原	平成4年6月23日
			本丸	「上馬屋」復原	～
			本丸	「板蔵」（主殿付随）復原	平成6年3月15日
			本丸	「板塀」復原	
	史跡根城跡　給排水設備工事	市単	本丸	上・下水道配管	
			本丸	消火用水道配管	平成4年12月15日
			本丸	放水銃設置	～
			本丸	屋外消火栓設置	平成6年3月15日
			本丸（北側法面）	北側法面に浄化槽設置	
			本丸（管理室）	給・排水管設置	
	史跡根城跡　電気設備工事	市単	本丸（復原建物）	電線の埋設配管	
			本丸（復原建物）	内部配線	
			本丸（復原建物）	照明器具取付	平成4年12月19日
			本丸（復原建物）	コンセント取付	～
			本丸（復原建物）	自動火災警報設備設置	平成6年3月15日
			本丸（主殿）	避雷設備設置	
			本丸（主殿ほか）	放送設備設置	
			本丸（管理室）	電話予備配管	

「歴史を学習する場」というやや堅いイメージをもつことなく、この広場に気軽に訪れる動機づけをすることを目的とした。このことにより、地域住民の自主的なサークル活動の開催も増えるのではないかと期待された。

整備にあたっては、発掘調査成果の集約から建物復原まで多くの作業工程があったが、これらの作業はそれぞれ完結しながら次に進んだわけではない。それぞれの段階で課題が残り、課題整理と次への作業が並行するように行われていったのが実状である。課題が解消されず、課題のまま現在にいたっているものもある。事業のスピードは想像以上に速く、工事の内容を裏づける基礎資料の収集や整理に追われる毎日がつづいた。

また、復原した時点から始まる管理とのかかわりのなかで、「長くもたせる」、「安全対策」、「バリアフリー」などもたびたび話題に上った。しかし、長もちし、安全で、バリアフリーな城はもともとあるはずもなく、復原とは別の次元で現実的な選択をしていった。

なお、年度ごとの整備内容は表7のとおりである。

Ⅶ　建物復原の検討

本丸復原整備の基になったのは主として発掘された遺構であり、参考資料が少ないなかで上屋までを復原するのはかなりの冒険であったことは確かである。復原については、可能性の一つを見学者に押し付け、歴史的な事実を誤ることにもなりかねないことから、従来の平面的な表示に留めるべきとの意見もあった。

しかし、従来の平面表示では具体性に欠け、見学者が史跡のイメージをとらえることが困難との考え方から、根城では現段階で考えられる可能性を集約し、建物復原をより積極的に取り入れた整備手法が選択されている。根城の復原整備の度重なる検討内容の詳細は『根城—主殿復原工事報告書　一九九四』、『根城—史跡根城の広場環境整備事業報告書　一九九七』として刊行されているので参照されたい。

復原の対象としたのは主殿、中馬屋、納屋、板蔵、工房、鍛冶工房、外周柵、板塀、門、虎口、野鍛冶場、柴垣、木橋、井戸であり、下馬屋、物見、常御殿、奥御殿は平面表示とされた。整備は発掘調査で検出された遺構を完全に保護するため、遺構保護盛土を基本ベースとして行われている。建物の基礎や給排水・電気設備等の地面の掘削をともなう工事は、すべてこの保護盛土の範囲で行われ、検出された遺構に掘削は及んでいない。

なお、本丸整備は基本的に国庫補助事業で進められたが、『主殿』については文化庁の国庫補助投入が最後まで認められず、基本的に市単独事業（一部ふるさと創生資金充当）となった。

1 主殿の復原

基礎資料が発掘調査で得られた遺構図にほぼ限定されるため、主殿の復原は難航し、原案作成から建物竣工まで四年九カ月の歳月を要した。本丸の中心的な建物である主殿は、東西一三間、南北一二間のL字形平面をもつ日本最大規模の掘立柱建物跡で、北に上馬屋、東に板倉が付属している。

復原に関して、主殿の姿を伝える古絵図や普請関係文書が皆無であったため、基本資料である遺構図の徹底的な検証が行われた。発掘調査の原図を見ながら、主殿として提出した遺構図の一つ一つの柱穴が本当にそこにあるかなどの初歩的な確認もあった。さらに、平面形や間取りなどの検討過程で修正が加えられ、そのたびに発掘の原図に戻るという作業がくり返された。掘立柱建物跡の遺構としての確定は、つまるところ調査した二万個のうちの柱穴一個の調査結果に戻るということを痛感させられた。

また、私たち発掘担当者と建築の方々との意見交換では、まず用語の共通理解から始められたが、建物跡に対する認識の違いをまざまざと知らされる結果となった。たとえば「床」であるが、発掘担当者はおもに地面を掘り込んだ竪穴建物の

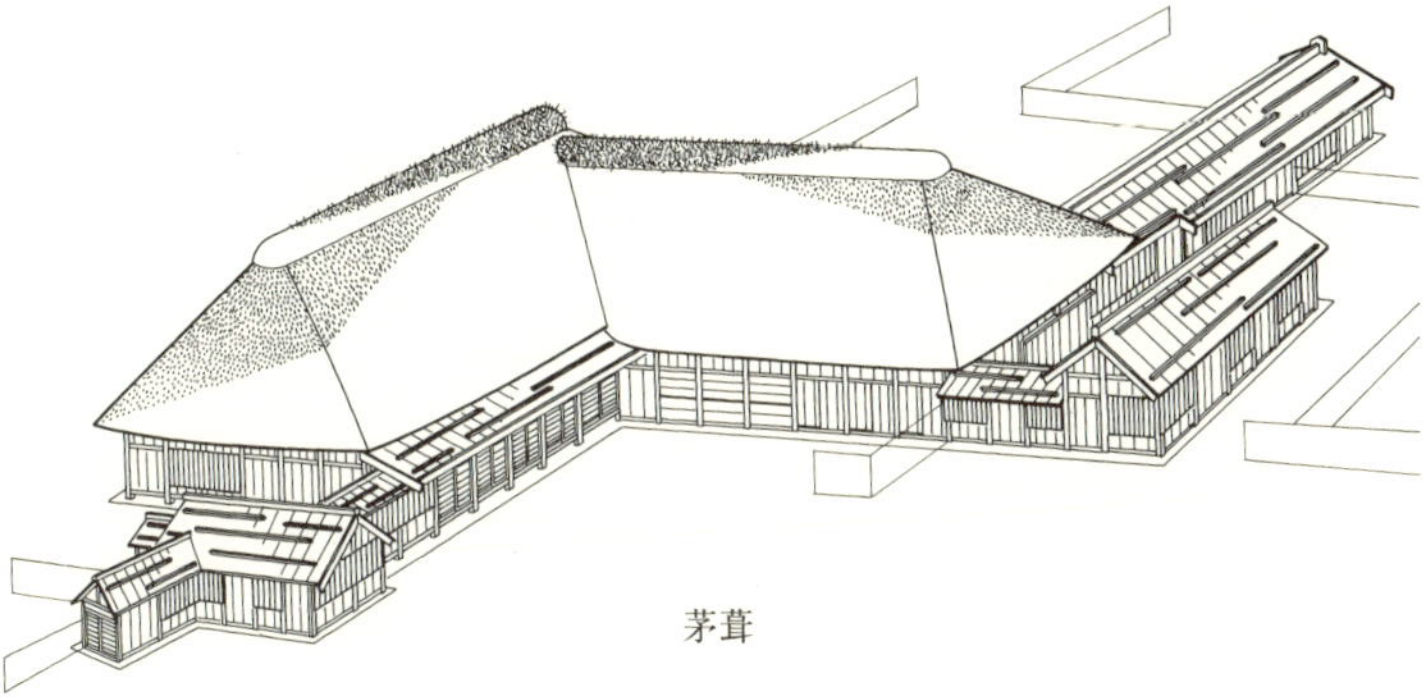

茅葺

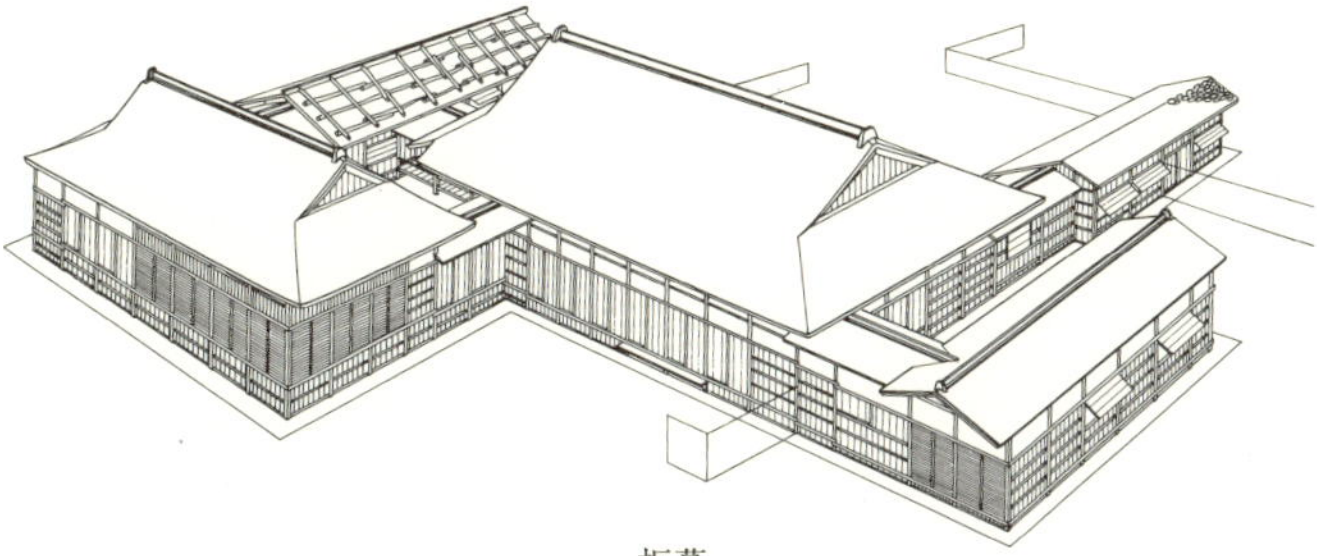

板葺

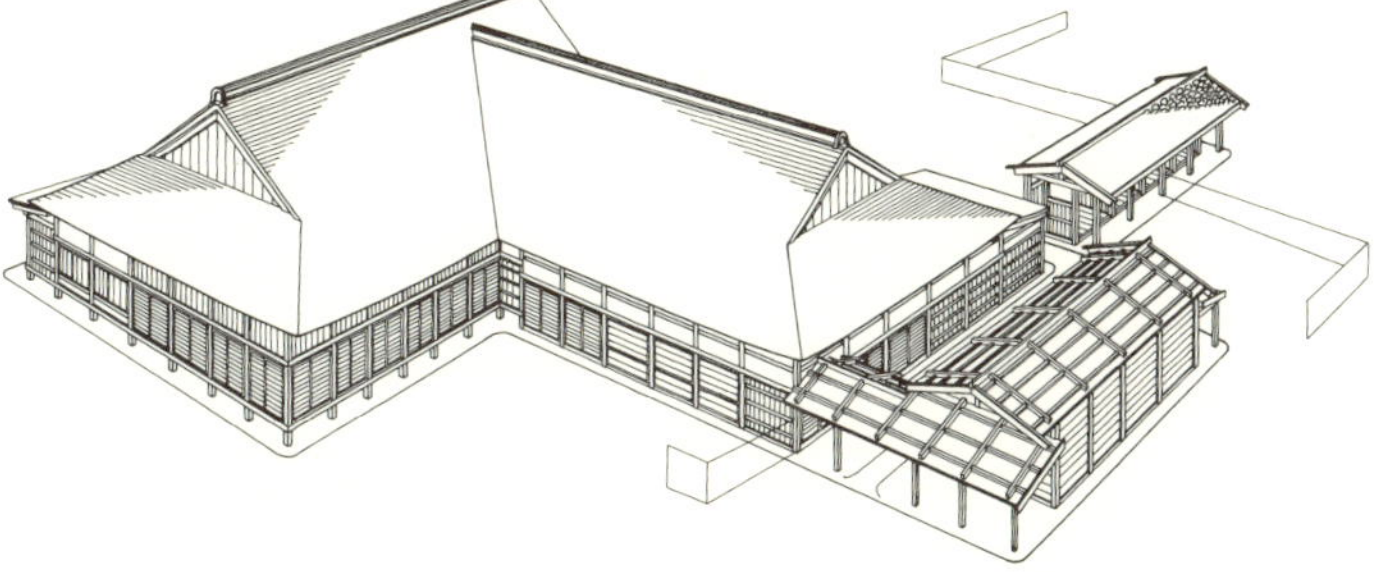

板葺

図70　主な主殿復原案　１つの遺構図からいくつもの復原案が検討された。

図71　主殿復原仕様

底を床というが、建築ではそれは床ではなく、土間や板敷き・畳敷きなどの具体的な仕様を含んで使用する。「壁」も同様で、建築では土壁・板壁・草壁など用材を中心に話をまとめようとするが、発掘では掘り込んだ地山の境を壁とよび、出土しない用材は眼中にない。「柱間寸法」にいたっては、ミリ単位までを問題にする建築に対して、発掘ではせいぜいセンチ単位のデータしかない。このように、一つの案件に対して、それぞれが途中までまったく違うイメージで協議を進めていることがよくあった。

ところで、主殿復原の原案は一九八九（平成元）年に作成され、文化財建造物保存技術協会や建築専門家の協議のなかで修正が加えられた。その後、一九九一（平成

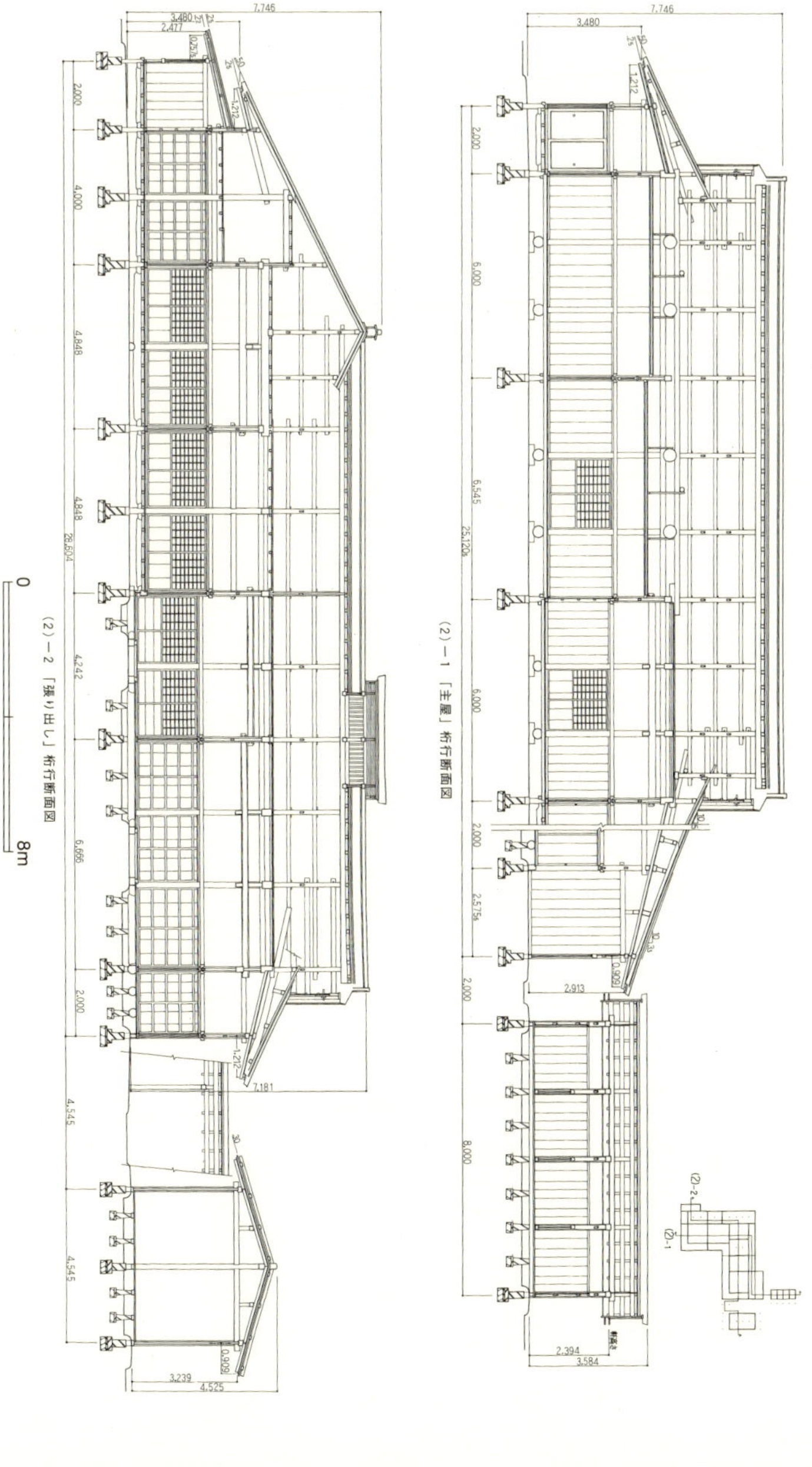

図72　主殿断面図

図73　主殿

図74　上馬屋

図75　板蔵

図76　主殿内部

三）年に文化庁文化財保護部記念物課内に設置された「史跡等における歴史的建造物等の復元の取扱いに関する専門委員会」（以下、専門委と略す）を経て、一九九二（平成四）年四月に主殿復原工事の現状変更が許可された。この間、文化庁での協議は七回（うち専門委四回）に及び、個別の協議を含めて提出した資料は膨大なものであった。

専門委の協議の過程で最も大きな案件は、根城の主殿復原案の決定であった。遺構図から想定される復原案は屋根の形状も加えるといく通りもあり、そのなかから根城の地域性や建物の年代等を考慮しながら案が絞られていった。最終段階で当初のL字型と専門委の委員から提示された分棟型が残り、長時間にわたる協議の末、本丸での復原はL字型で実施し、分棟型については模型を作成し博物館に展示するということになった。

二つの案は同じ遺構図を基にしながらも、L字

図77　主殿屋根工事

型は全体を一つの建物、分棟型はいくつかの建物が廊下でつながった建物の集合体とするものである。両案とも成立しうる考え方であるが、地方色という意味からL字型の復原案が選択されたのであろう。

以上のように、主殿の復原案は難産の末に決定されたのであるが、復原案決定までの具体的な経過は次のとおりである。

平面　間取りでは、「主殿」と北側・東側建物〔上馬屋・板倉〕を一体化するか、独立建物とするかという問題があった。建物に関する記録がなく、建築部材も残存していないため、機能についてもさまざまな考え方があった。

まず北側建物であるが、機能として「詰所」・「内蔵」・「厩」が考えられた。最終的には、一間の身舎に一面庇が取り付く形式が「中馬屋」と類似することから「馬屋」と判断され、独立建物として復原された。なお、屋根は庇を取り込んだ形とした。

柱位置は、発掘された柱穴に忠実でなければならないのは当然であるが、復原案では柱穴のない「上馬屋」の馬房仕切り後方柱を想定した。その理由はすでに復原されている「中馬屋」が、重要文化財建物（彦根城馬屋—江戸時代、清水寺馬駐—室町時代）を参考に、痕跡の残らない床上から立つ柱と判断し、痕跡のない馬房仕切り後方柱を附加復原しているためである。

次に、「板倉」として復原することになった建物は、「遠侍」や「納戸」などの用途も検討された。前者は「主殿」の性格から近世武家屋敷に準じた考え方で、後者は「主殿」のほか「本丸」遺構全体からみて、〈総柱空間＝納戸（収納目的空間）〉との理解から導かれた結果である。結論として後者の考察が採択された。「板倉」も「上馬屋」と同様に、前側の庇部分で「主殿」と接続するが、建物自体は独立した建物とされた。

復原平面案のなかで「分棟案」が提示されたが、「主殿」が小規模な建物を接続して構成されていたか、矩折平面の大型建物であるかという点が相違点である。「部屋境の柱筋の食い違い」のとらえ方で、まったく異なる復原案が導かれることが注目される。

なお、前述の「上馬屋」・「板倉」が、復原案初期に「主殿」と接続する考え方が多かった。しかし最終的には、独立建物で復原されたのは、「分棟案」の影響があると思われる。

外　観　屋根葺材は「茅葺」と、広義での「板葺」（栩葺を含む）とで意見が分かれたが、出土品に柿板があったことから板葺とされた。次に屋根形状については、「主殿」が本丸内の中心的な建物であるところから、格式の高い入母屋造が適当と判断された。なお、庇（下屋）部分を建物に取り込んで大きな屋根にするか、庇に取り扱うかは重要な問題である。根城の場合、これも根拠を見出すことができなかったので、庇（下屋）を取り込んだ形式で復原された。

また、「台所」と「雪隠」はともに構造上「孫庇」の扱いになるが、前者は大屋根からの葺き下ろし、後者は差し掛け屋根で処理し、仕様を栩葺と変えて柿葺とした。

2　主殿以外の建物復原

最も難航した主殿の復原案作成の経過は前述のとおりであるが、その他の建物についても大なり小なり検討課題があった。復原した建物についての概要は次のとおりである。

なお、下馬屋、物見、常御殿、奥御殿は平面形・間取りを示した平面表示とし、番所は四阿《あずまや》として使用できるような仕様とし、井戸は検出された場所に井戸枠を置いただけにしている。

（一）中馬屋

主屋が梁間一間、桁行一九間で細長く、一間の下屋が前面に取り付く馬屋であり、中館側から入る門に近く板塀で囲まれることから、来客用の馬止め施設を想定している。馬屋の構造を示す遺物はなく、復原は現存する建物や絵巻物によった。現存する建物は、「清水寺馬駐」と「彦根城馬屋」があり、絵巻物では「紙本金地著色調馬厩馬図」（重文）と江戸期の「観馬図屏風」などが参考とされた。

また、傍証的な資料にはなるが『南部利直書状』に、「一　馬屋の敷板くされ候由松之おが板あつき壱寸宛ノをかい候て、しき尤候、ただし釘

図78　中馬屋

付ニ成候ハあしく候（後略）」という件がある。

この文書は江戸在住の三戸南部氏の利直（治世は一五九九〈慶長四〉年〜一六三二〈寛永九〉年）が国家老へ宛てた指示であり、復原対象時期とした天正年間（一五七三〜一五九一）に近い時期のものである。「馬屋には大鋸引きの厚い松板を敷き、釘は打つな」とあることを参考にして、中馬屋は板敷とされた。釘を打たないのは、板が反ると浮いた釘で馬が蹄を傷めるためであり、反った板はひっくり返して使うのだという。

（二）納　屋

一辺四メートル前後の小型の竪穴建物であり、用途を特定できるような出土遺物はなかった。復原にあたっては、一七八八（天明八）年に著された『東遊雑記』に秋田の土崎湊周辺を描写した記述があり、このなかにある「伏せ屋」が参考にされた。両端を扠首組として棟木を渡し、中心部の柱で棟木の途中を支え、切妻状の屋根をつくる。屋根は茅葺とし、地域性を尊重して芝棟とされた。

（三）板　蔵

二間×四間の総柱の建物であり、建物の軸方向が奥御殿と同じことから、奥殿で使う品々を収納するための建物と想定された。

図79　納屋

図80　板蔵

図81　工房

発掘結果から柱の太さを五寸角（約一五《セン》《チ》）とし、壁面は類例の板倉に倣って柱に溝を縦に掘り、横羽目板を落とし込む形式とした。出入口以外は窓などの開口部を設けず、奥御殿の什器等を収納するという機能から閉鎖的な建物とした。羽目板の厚さは六《セン》《チ》とし、重厚な構造となっている。

(四) 工　房

大型の竪穴建物であり、南北七間・東西三間を主体部とし、北側に出入口がある。出土遺物等の検討から工房と推定された建物であり、上屋構造には東北地方に残る十七世紀代の民家が参考とされた。屋根の棟形式は、この地方の民家を参考にすれば芝棟が妥当であるが、冬季の工事になったため芝の根付きの問題から、芝を載せる手前の形式がとられている。

(五) 鍛冶工房

工房と同じ竪穴建物であるが、掘り込みの深さが九〇《セン》《チ》と深い。内部に強く焼けたところがあることから、鍛冶に関連する建物と推定された。

同時代の現存例はもとより、絵巻などの絵画資料にも竪穴構造の鍛冶工房を見ることはできないため、時代はやや下るが秋田県由利郡にある近世の旧鎌田家（宝暦年間〔一七五一～一七六三〕）の内部状況が参考にされた。鎌田家は亀田藩のお抱え鍛冶で、近世初頭から幕末まで代々鎧師として藩に仕えていたという。

(六) 外周柵

柵跡は本丸縁辺部に検出され、門跡に取り付くように全周していたと考えられる。柱痕の検出は不規則であるが、径二〇《セン》《チ》前後のものと一〇《セン》《チ》前後のものがあり、親柱と子柱があったと推定された。城館の柵は絵図などに見られるにもかかわらず、その詳細は明確ではないが、柱（親柱）を建てその柱に貫を三本通し、柱間に子柱を三本添える構造とされた。

（七）板　塀

柱穴列は板塀と推定された。板塀の史料は「洛中洛外屏風」にたびたび見られ、いずれも控え柱のない竪板張りのものである。本丸ではこの史料にある、屋敷を区画する板塀が参考にされた。

（八）門

門柱が確認されたのは東と北門であり、西門は後世の削平のため検出されなかった。東門と北門は中館からの連絡路としては一連のもので、東門が正門で北門が通用門と考えられた。東門は控え柱をもつ棟門であり、北門は冠木門とも考えられたが、両脇が板塀で重なること、柱間が狭いことなどから塀重門とされた。西門は裏門の位置にあり、門の格式から冠木門とすることとなった。

（九）虎　口

本丸北東側で検出された門、通路、柵、板塀が虎口として復原された。遺構の特徴は次のようにまとめられる。

①中館から堀を挟んで本丸法面中腹に取り付く虎口で、通路は南北二股に分かれて本丸平場の二つの門（棟門・塀重門）に上っている。

②通路南側は石敷きであるのに対し、北側は地山面が路面となっている。

③通路の堀側には柵、平場には板塀がある。

この虎口は中館から入る本丸の大手に相当するもので、その構えとなる柵や塀など、中館からの景観も含めて多くの協議を行った。柵とすること

図82　鍛冶工房

図83　東門

図84　木橋

の意味や柵木の間隔の違いは何を意味するのか、板塀には狭間があったかなど、整備時点では未解明な点があった。整備は通路跡の舗装、排水施設等を敷設し、板塀については曲輪内部の仕切り塀と同様の形式とされた。

（一〇）野鍛冶場

平場の南西端に焼面が多く検出され、これらを囲うように矩折れの板塀があるが、これらを覆うような建物は検出されていない。焼面の新旧関係は明確ではなかったため、同時に数カ所で野鍛冶（鉄や銅などの溶解）を行ったと考え、そのうち二カ所の施設を再現することになった。

鞴、鍛冶炉などを再現し、板塀の入隅付近に炭や古鉄などを置く資材置場が整備された。なお、板塀と焼面以外の位置関係は厳密ではない。覆屋のような建物は検出されていないが、雨除け程度の仮設的な建物が存在したと推定され、簡便な形式の屋根が架けられた。

（一一）柴　垣

主殿北側で検出された長さ三〇《メートル》、幅四〇～八〇《センチ》、深さ五～二五《センチ》の溝であり、砂泥の堆積が見られないことから排水の溝ではなく、主殿と中馬屋の中間にあることから空間を区切る施設と考えられた。柱穴がないことから塀や柵ではなく、柴垣として整備されている。

柴垣の高さは秋田県角館の武家屋敷などで見られるものを参考に、高さ一・一《メートル》とした。一間ごとにヒノキ丸太を打ち、胴縁を二〇《センチ》間隔で渡し、それにクロモジを張りシュロ縄で固定する構造となっている。

（一二）木　橋

橋は本丸と中館の間に架かっている。橋脚（柱間約五尺）は本丸側に二対存在していたが、中館側ではこれに対応する遺構は検出されなかった。橋脚の規模や位置関係から本丸から中館にかけて下降する、斜めの橋が推定された。

橋脚は遺構に忠実な位置に建て、堀底に近い方の橋脚は、振れ止めを両側から挟みつけるように取り付けた。橋桁の上には丸太を密に並べ、両端に土押さえの半割丸太を置き、杉皮を敷いて土を載せ通路とした。

手摺については橋幅との比例関係から膝位置ほどの高さで設置することも検討されたが、この橋は本丸の公開にあたって見学者の通路となることが決まっており、通行者の安全を考慮しなければならなかった。このことから、手摺は復原と関係なく、安全基準を満たす高さのステンレス製を設置することになった。復原か安全確保かという課題が残った事例である。

3　平面表示・便益施設

本丸内の施設は主殿等の復原と、位置や平面規模を表した平面表示の両手法がとられている。平面表示とされたのは「下馬屋」、「物見」、「常御殿」、「奥御殿」であり、「下馬屋」は建物の構造と間取り、「物見」は用途、「常御殿」と「奥御殿」は建物の構造（とくに建物内部の検証材料の不足）、建物復原にいたる検討期間（主殿は五年近く）や建設費等に不確定要素が多かったため、復原が見送られた。「常御殿」と「奥御殿」では、建物内部の仕様を作成するための歴史資料や展示資料の収集がきわめて困難であるとの判断もあった。柱位置と間取りを明確にし、解説板が設置されている。柱は人が腰掛けられる高さにし、見学者が座って休憩できるようになっている。

便益施設としては「番所」をモデルにした休憩所とトイレがある。「番所」は休憩施設としての機能を優先させるため固定的な壁や建具を設けず、脱着自由な板戸状の仮囲いを取り付ける形式とされた。また、床の仕上げも土間ではなく、アスファルト舗装としている。

トイレは遺構を基にしたものではないが、復原建物にあわせて板壁とし、屋根は建築基準法第二

図85　番所（休憩所）

図86　番所をモデルにしたトイレ

図87　料金所

図88　ブロンズ製の全体模型（中館に設置）

二条の適用を受けるため、銅版の段葺となっている。浄化槽は遺構の保存を図るため曲輪外に設置し、配水管工事では遺構保護のため新たな掘削を行わず、発掘調査で実施した盛土の試掘溝を利用して埋設した。

料金所は、これまでの本丸の発掘調査からL字型の小型建物が検出されており、それを小型にしたプランで設計された。

また、先にも述べたが、中館にはブロンズ製の史跡全体模型を設置しており、広い史跡範囲の全容を把握するのに役立っている。

4　復原設計の課題

本丸の復原建物は以上のような内容で設計がまとめられたが、復原に関する基礎的な情報が発掘調査の資料にほぼ限られることや、事業の全体計画を取りまとめる期間の猶予が少なかったこともあり、いくつかの課題が残った。このことは、報告書（『根城—史跡根城の広場環境整備事業報告書』）にも記載されているが、その概要は次のとおりである。

　根城本丸における建物等の復原整備は、発掘、遺構の整理（遺構変遷と性格の把握）、整備時期の決定、復原建物等の設計、復原作業の順で行われたが、一つ一つの作業が完結して次の段階に進んでいったわけではない。また、整備対象時期が決定しても、そこに包括された建物等の遺構を〔復原〕（資料から導かれる姿を慎重に検討して再現する）、〔整備〕（活用にあたっての利便性を備え、相当不確定な部分でも大胆な再現を行う）、〔平面表示〕（遺構の規模・柱穴などの位置を明示する）のどの手法で整えるかを確定しないままスタートした。つまり、整備内容の全体的な実施計画を作成する間がなく、一部の工事が先行する結果となった。

　このため、竪穴建物の復原にともなう遺構保護の盛土計画が、先行した土塁・木柵の整備より後手にまわり、平面的な位置関係についてはほぼ復原できたが、地盤の高低は忠実に再現できなかった。たとえば、竪穴建物である鍛冶工房は深さ九〇チ《セン》の掘り込みがあり、遺構を保存しながら復原するには九〇チ《セン》以上の保護盛土をし、そのなかで工事を実施しなければならない。復原する遺構のなかでこの建物が最も厚い保護盛土が必要であるため、本来この厚さで本丸全体の盛土造成計画を立てる必要があった。これが整備地盤レベルで、本来、整備手法が具体化した段階で、保護盛土の厚さや雨水処理などの付帯事項までを含んだ整備の全体計画の策定が必要であった。

　建物の復原についても、個々の遺構は詳細に吟味し、類例・文献などの調査をして設計を行ったが、本丸全体を視野にいれた全体的な仕様を最初に定めたわけではない。つまり、屋根の形状や葺材、柱などの仕上げ方法、壁面を構成する部材などは各建物の特徴から選択したため、竪穴建物は茅葺、掘立柱建物は板葺に統一されることになったのである。また、出入口の建具が〔引く〕、〔開く〕、〔押し上げる〕などの多様な形に復原されたのも、個々の遺構の条件にあわせて導き出された結果である。

このように、整備事業に関連する検討事項は多岐にわたり、各事項の整理された情報が整った段階で全体計画を策定していくのが望ましいが、このことは現実的には容易なことではない。事業を進めていく上で、ある一つの事項が解決しないと次の検討ができないということが頻繁にある。これに事業年度や予算の制限が加わるため、ある程度の課題を残したまま次の工程へ進まざるを得なくなったのが実情である。

また、整備にあたっては「長もちする」、「バリアフリー」、「安全性」など、本来の復原とは別次元の課題も発生する。館主が長もちする建物をそれほど意識していたとは思えず、バリアフリーや安全性を重視した城館はあるはずもないのであるが、整備後の維持管理や見学者への配慮も必要とされる。消防設備やトイレなどの便益施設、広場管理のための管理棟、料金所、駐車場なども整備を進める上で重要な検討案件である。

5　復原・整備工事

本丸の整備工事は一九八九（平成元）年の遺構保存盛土、外周柵復原工事に始まり、一九九四（平成六）年度に終了した。主殿の復原は一九九二（平成四）年六月二十三日に着手し、一九九四（平成六）年三月四日に終了した。主殿の実質的な工期は約二〇カ月であった。

　工事が始まると私はたびたび作業現場を見学した。発掘された建物跡が、本当はどのような建物であったのかを早く知りたいと思ったからである。とくに主殿に関してはその思いが強かったが、素屋根が架かり内部での作業が進むに従い、遺構図では私の手の届くところにあった主殿が成長していき、ついには一人で成長したような顔をして堂々とそこに建っていた。

　建築現場での作業はすべてが新鮮で、図面で問題になったところの作業はとくに興味深かった。「なぜそんなに問題なのだ」という答えがすぐ目の前にあり、設計者が「こうなるから問題にしたのだ」とにやっと笑いながら説明してくれた。「柱がここにあれば楽なのに」、「ないものはないのだ」といい合いながら、手斧や墨入れの職人技を見て廻っていた。

　あるとき、工事現場に建築学会の大御所である藤島亥二郎先生が愛車（?）シトロエンでお見えになり、「君、面白い仕事をやってるね」と声をかけていただいたのを覚えている。ご高齢とは思われない張りのある大きな声であった。自分ではたいへんな仕事だと思っていたことが先生にかかると「面白い仕事」の一言で済まされてしまった。

Ⅷ　復原建物の展示

建物の復原作業が軌道に乗った一九九二（平成四）年から、見学者が理解しやすいように、復原した建物内部の展示作業が開始され、翌年の一九九三（平成五）年度には複製品の製作を含めた展示作業が終了した。内部展示の対象とされた建物は主殿（詰ノ間、茶ノ間、控ノ間、祈祷ノ間、二ノ間、広間、台所）、上馬屋、中馬屋、板蔵、工房、鍛冶工房であり、南部氏館のようすを再現するのが目的であった。展示は当初予定されていなかったものであり、内容の検討は急ピッチで進められた。

また、建物の設計が完成していたため、展示にあたっては建物本体に手は加えないという了承のもとで作業が進められた。なお、展示の概要については後に述べるが、主殿の重宝ノ間については、発掘から復原までの経過をパネルで解説するコーナーとし、見学者の導線を確保するため複製品等は設置されていない。

展示の内容は、関連分野の専門家九人に根城跡復原建物展示設計指導員を委嘱し、協議を重ねながら進められた。協議のなかで、展示の設定は復原時期の十六世紀末（第一八代南部政栄の治世）

図89　重宝ノ間

とし、南部家関連文書、出土遺物、伝世資料、民俗資料等にもとづき、主殿では正月十一日の儀式（武事始め）、上馬屋、中馬屋、板蔵、工房、鍛冶工房ではそれぞれの建物にかかわる道具を展示することが決定された。展示品は発掘調査の出土品を中心とし、当時の根城本丸で使用していたと想定される道具類を、他遺跡の出土品や文献・絵巻物等を参考に複製することとなった。

展示作業終了後、各復原建物内には音声解説が加えられ、見学者がその場面で行われていることがイメージできるように工夫された。

なお、主殿の各部屋の呼称については、文献での特定ができなかったため、間取りや時代性を考慮しながら指導員会議のなかで命名されたものである。

以下、展示関係の概要を主殿とその他に分けて述べていくが、出土品はその当時に使われていた

図90　詰ノ間

品々の一部であるところから、関係分野の資料が併用された。根城の復原事業は現段階で考えられる一つの案を示したものであり、厳密には復原というのは適当ではないのかもしれない。このようなことから、考え方の違いや検討経過については展示や報告書等で提示されている。

1　主殿の展示

(一) 詰ノ間

武事始めの儀式に出された酒菜三献肴の配膳をしているようすを再現している。酒菜三献肴は南北朝期の勝ち戦の陣中で食されたものに由来し、料理は豆腐の吸い物、生の大根、煎大豆、煎披椒であり、箸は茅とした。また、この部屋にあたる位置から発掘調査で焼面が検出されていることから囲炉裏の存在を想定し、自在鉤に茶釜を掛けて

図91　茶ノ間

いる。囲炉裏は、体験学習等で実際に使用できるようになっており、完成後、主殿を会場にした講座でこの囲炉裏を使用し、串餅を焼いて子どもたちに食べてもらったことがあった。

(二) 茶ノ間

本丸および根城に関連する遺跡の出土品から天目茶碗、茶臼、茶入れ、茶壺などを複製するとともに、天目台、棚等の関連資料を展示した。詰ノ間と同様な理由で囲炉裏を設定したが、ここでは囲炉裏内に五徳を置き自在鉤は設置していない。根城の広場オープン後に八戸を訪れた文化庁長官に、この部屋で献茶をしたことがある。

図92　控ノ間

(三) 控ノ間

広間で執り行われる儀式の控え室と想定し、灯台、灯明皿、火鉢を置いた。なお、根城ではかわらけ（素焼きの皿）が出土していないため、出土品の検討から灯明皿は瀬戸・美濃産の陶器の皿とした。

この部屋には、消防用設備の監視盤が設置されることになっており、これを隠すために背の高い屏風を置くことになった。当初、この監視盤は室内でかなりの違和感があったため見えないところに設置する配慮をお願いしたが、だれにでもはっきりと見えないと意味がないということから、苦肉の策となった経緯がある。

（四）祈祷ノ間

加持祈祷のため、東善寺の僧侶が本丸をたびたび訪れていたという記録があることから設定された。加持祈祷は奥御殿で行われていた可能性が高いが、奥御殿は復原されていないため、主殿の最も奥まった部屋に真言宗の豊山派で使用されている伝流型の護摩壇を設置した。東善寺は真言宗であり、祈願所である東善寺の役割が強調されている。祈祷の内容によって檀の向き（僧侶の座る向き）や炉の形が異なるが、ここでは「息災」の祈祷の場面を想定し、北向きに僧侶が座るように配置した。

（五）二ノ間

主殿のなかで広間に次ぐ格式をもつ部屋であり、広間で設定した武事始めの儀式に使用する弓、鉄砲、ほら貝を置いている。この弓は根城を築城した南部師行が陸奥守北畠顕家から拝領したといわれる「世平弓」の復製品（二〇張）で、実物は現南部家に伝わる。世平弓は黒漆と朱漆からなるいわゆる笛藤の弓で、鮎皮斑があるという。この時点では現物の実見ができなかったため、記

図93　二ノ間

録に残されている特徴や写真から製作した。鉄砲の側には玉薬箪笥という鉄砲玉と火薬をいれる小箪笥を置いている。部屋には監視役として武士の人形が一体配置されている。

(六) 広　間

広間は主殿のなかで最も格式の高い部屋であり、人形を置いて武事始めの儀式のようすを再現している。この部屋には置き畳が設置された。展示内容検討のなかで最も白熱した議論が交わされた部屋である。武事始めの内容、列座の形式、部屋の装具、畳の縁の色、列席する武士の服装、儀式で出された食事や食器など、検討は細部にわたった。

武事始めは正月十一日に行われた武家の重要な儀式であり、現在では鏡開きの日として名残を留めている。ちなみに、根城南部氏が遠野へ移ってからも伝統的に行われており、正月の吉例行事としての記録があるので紹介する。

元旦

朝お城で料理が出る。三献肴法の物でお祝いがなされ、奥と表双方ともに済んだ後、使いの者たちは二度東善寺へ年始のお礼に参上する。

二日

朝お城で料理が出る。奥で三献肴法の物でお祝いする。その後新田・中館・沢里殿お城へ入り、表でお祝いがなされる。新田殿から法の物盃が始まり祝儀として弓が与えられた。その盃を名代が貰い下げ、中館殿へまわす。中館殿にも弓が与えられた。またその盃を沢里殿へまわす。沢里殿には馬が与えられた。

（以下略）

三日

朝お城で料理が出る。奥・表ともに三献肴法の物でお祝いがなされ、使いの者と名代の者とお城から中館殿のところへお礼にいく。

四日

朝お城へ参上せず。新田殿使いの者とともにお礼のため参る。

五日

朝家で食事をした後お城へ参上する。東善寺の者お礼のためお城へ参上する。三献肴法の物にてお祝いがなされる。その後にごり盃とえび盃で、さらにやしほがでる。（以下略）

六日

名代の者お礼のため成福寺、瑞応院へ参る。

七日

朝お城で料理が出る。（以下略）

八日

妙泉寺お礼のためお城へ参上する。その後成福寺が参上。いずれもお祝いの品は東善寺のときと同様。その後名代の者大慈寺へ参上。
九日
朝家で食事をした後お城へ参上。この日瑞応院、善明寺、石倉行人お礼に参る。お祝いは東善寺と同じであるが、善明寺と行人へは名代の者の直接のお酌はなし。
十日
大慈寺お城へ参上。お礼は東善寺と同様。大慈寺の後妙泉寺へ名代の者お礼に参る。
十一日
名代の者家で食事した後城へ参上。奥で三献肴法の物でお祝いする。この日奥から御重代の御具足を沢里を招いて表へ出し、飾りおく。その後表で三献肴法の物でお祝いがあり、名代の者法の物をいただく。このとき、御年男が御重代の甲を取り、名代の者へ渡し、これを受け取った名代の者はその年の明の方向へ三度拝み、重代の甲を着け法の物をいただく。その後弓、鉄砲、貝の事初めを行い、終了後に貝吹人や弓を引く人や馬方、大工等の人びとに名代の者盃を取らせて終わる。
十四日
晩お城で料理が出る。年越しの晩のお祝いと同様。
十五日
朝お城で料理が出る。奥・表ともに三献肴のお祝いがあった後、お吸い物と濁酒が出る。その後お吸い物の脇へ年男がだんごを配り歩き、盃回しが済むとだんご打ちが始まり、それが済むと表でお祝いがある。
廿日
家で食事をした後城へ参上。奥・表とも三献肴法の物にてお祝いあり。この日さいはじめ。

廿四日

家で食事をした後東善寺へ参る。この日名代の者東善寺へ鍋を送る。

廿五日

朝お城でおかゆが出る。お城で一日連歌が催される。その後魚類を肴にして酒盛りが始まる。

〔三翁昔語〕より

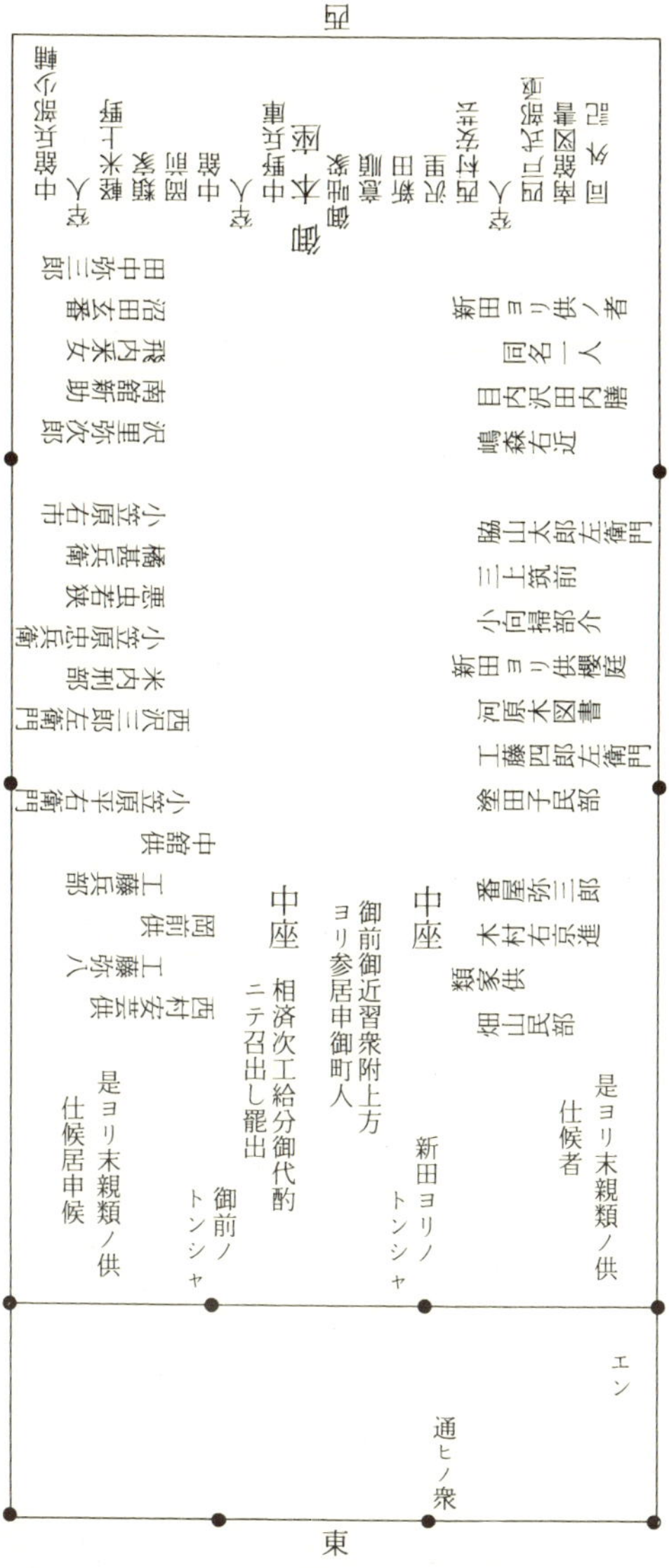

図94 當代正月二日祝儀列座之図（18代・政栄の代、「八戸家傳記」による） ●は柱

延々とつづく宴会と挨拶の日々であり、二十五日におかゆが出たのもつかの間、連歌の後また酒盛りである。武士の正月はたいへんである。

広間の場面設定はこの記録によっているが、先に触れたように列座をどうするかが議論となった。そこで参考にされたのが、復原時期である一八代政栄の代の列座を示した「當代正月二日祝儀列座之図」（八戸家傳記）である。この図は近世の資料であるが、記載人物名に間違いがなく信頼に足る資料とされた。この図をみると主従が横並びで、一族の結束によって領国支配を行っていたことがうかがわれることから、当主を別格として扱わない配置とすることで決着した。

しかし、実際この図のように座ると、ぎゅうぎゅう詰めで身動きが取れなくなることが指摘された。このことについては歴史的な解釈から、列座というのは同時に着座することを前提としていないので、この図を虚偽のものとする根拠とはならないとし、展示にあたっては当主と最も近い親族である新田、中館、沢里、岡前氏と、武事初めの進行を司る年男の役を担当する三家（年男は年ごとに交代で勤める）で設定することとなった。

このほか、畳の縁の色・列席者の衣装・床の飾りもの選定などが慎重に行われた。この場に飾られたであろう家宝の武器・武具等は、伝世品として各地に残っているため、複製品を作成して展示した。

（七）台　所

日常的な炊事は奥御殿で行ったと考えられることから、主殿の台所は儀式用の簡単な調理や配膳を行うための施設として設定された。展示では食器類を載せた棚などを置き、広間で執り行われている武事始めの儀式に出される、三献肴や法の物

図95　台所

（酒）の配膳準備をしているようすを再現した。水を入れた甕は越前焼としたが、これについては複製ではなく実際に窯で焼成した陶器を置くことになった。

2　その他の展示

（一）上馬屋・中馬屋

上馬屋は当主一族の専用であり、中馬屋は来客用とし、展示品の製作にあたっては馬の博物館（横浜市）の指導を受けた。上馬屋には発掘調査で検出された馬の骨格から復原した、等身大の模型および馬装具や金具類のほか、馬櫛、馬のわらじ、箒、糞取り用のちりとりなどの道具が置かれた。この馬は実際に人が乗っても大丈夫である。中馬屋の納戸では来客の馬から鞍を外した状態の展示としている。

図96　上馬屋

(二) 板　蔵

この建物は奥御殿の近くに位置しているところから、奥御殿で使用されている調度類が収納されている施設とされた。建物内には唐櫃、長持ち、はさみ箱、屏風箱、畳箱等の収納家具や、灯台、折敷等を配置して、当時の南部氏が使用していたと思われる調度品を揃えた。当主一族の菩提寺であった大慈寺に残っている、破籠《わりご》というお膳の一

図97　板蔵

図98　工房

図99　鍛冶工房

つも複製の参考にされた。

(三) 工　房

この建物は、発掘調査の出土品の検討から、本丸に常備してある武器・武具等の修理・製作の場とされている。博物館に収蔵されている「正方形革札胴丸」は雑兵鎧ともよばれ、南部氏が士卒用に常備していたものであるが、当主用のほか、家臣に貸し与える武器・武具も定期的に修理されていたと想定された。

(四) 鍛冶工房

この施設の展示にあたって、まず屋外にある野鍛冶場との性格づけが整理された。野鍛冶場は鉄の精錬や銅製品作製を主体とした鍛冶を行い、鍛冶工房では野鍛冶場で精錬された鉄を鍛え、製品を作製する工程を行うとともに、銅製品の最終的な加工を行う場所と設定した。

このように、野鍛冶場と鍛冶工房は、両者の作業分担を明確にした上で展示品の内容が決定されていった。

Ⅸ　史跡根城の広場の運営

1　史跡根城の広場

「史跡根城の広場」（以後広場という）は一九九四（平成六）年十月十三日に落成記念式典が行われ、翌日の十四日から一般開放された。広場の管理は八戸観光協会が教育委員会の委託を受け、通年の維持管理と本丸入場者の料金徴収を行っている。二〇〇五（平成十七）年からは指定管理者制度が導入されたが、以前に引きつづき八戸観光協会が管理・運営している。また、広場の一般開放とともに、ボランティア活動の拠点ともなってきている。ここでは整備終了後の根城の現状と課題を取り上げてみたい。

（一）入場者数

オープン後の実質一年目となる一九九四（平成六）、一九九五（平成七）年度の入場者数は約三万人であったが、その後減少をつづけ、一九九七（平成九）年度には約一万四〇〇〇人となった。二〇〇三（平成十五）年度には一時約一万九〇〇〇となったが、翌年には約一万一〇〇〇人となっ

図100　広場落成記念式典

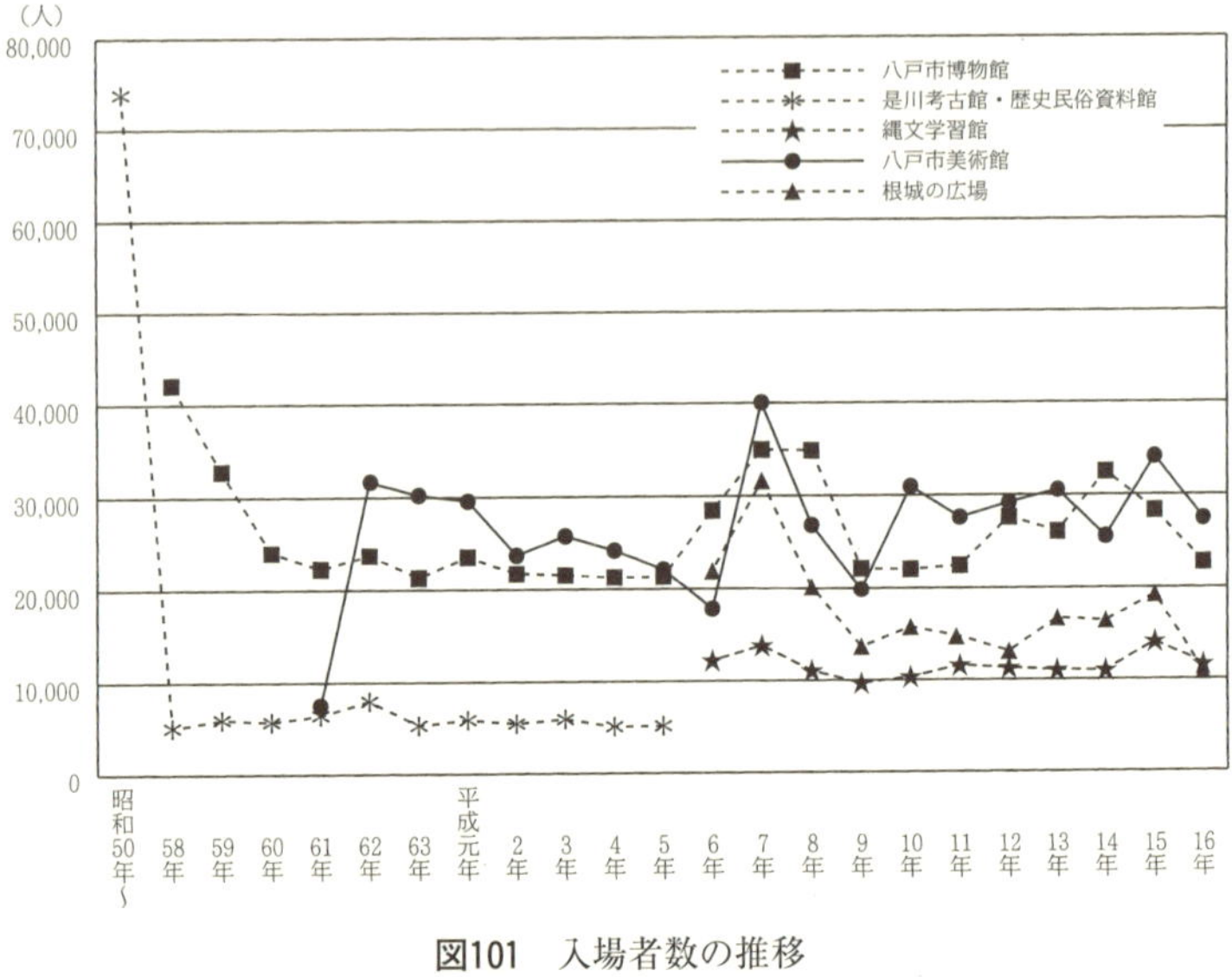

図101　入場者数の推移

図102　おもしろ講座（ぞうりをつくろう）

ている。二〇〇四（平成十六）年度までの合計入場者数は一九万四一二八人である。

小・中学校にもよびかけ、授業の一環としても利用されているが、減少傾向にあるのは基本的にリピーターが少ないのが原因であろう。復原建物内の展示替えが話題に上ったことがあるが、費用的なところで課題の解消にはならなかった。

(二) 講座・体験学習

八戸観光協会の主催事業として、「根城おもしろ講座」を年六回程度開催している。この講座は入場者の減少がピークに達した一九九七（平成九）年度に開始された。当初は隣接する八戸市博物館が主導で行っていたが、現在は指定管理者である観光協会が講座内容の決定や講師の調整まで行っている。

復原建物を会場としたものなど、一回ごとの募

表8　根城おもしろ講座

年度	月日	講座・議演	参加人数
平成9	5・10	殿様はどんな人	36
	7・27	薬草の豆知識	50
平成10	5・21	親子でお手玉	20組28人
	5・31	雑兵たちの戦場	90
	7・19	薬草の豆知識	64
	8・8	野鍛冶体験	20組36人
	9・27	殿様はどんな人	58
	10・24	ぞうりを作ろう	32
	11・3	紙芝居子供劇場	31
	12・12	凧作り	20
平成11	5・30	根城の復原建物を語る	58
	6・26	ぞうりを作ろう	21
	7・25	紙漉きに挑戦	20組35人
	8・8	野鍛冶体験	20組35人
	9・26	キノコの豆知識	37
	10・24	殿様はどんな人	58
	11・3	本丸子供劇場	29
	12・12	凧作り	19
平成12	5・23	中世武士団の結束～根城南部氏の場合	90
	6・24	ぞうりを作ろう	23
	7・23	紙漉きに挑戦	20組32人
	8・8	野鍛冶体験	20組33人
	9・24	キノコの豆知識	22
	10・22	殿様はどんな人	42
	11・3	本丸紙芝居子供劇場	32
	12・9	凧作り	11
平成13	5・27	中世城館のイメージ～根城を中心として	106
	6・29	ぞうりを作ろう	10
	7・22	紙漉きに挑戦	20組45人
	8・5	野鍛冶体験	20組45人
	9・8	縄の結び方を学ぼう	10
	9・23	キノコの豆知識	20
	10・21	水引を作ろう	10
	12・8	南部凧作り	10
平成14	5・26	豊臣秀吉の夢の跡	73
	6・22	わら細工に挑戦	13
	7・21	八幡馬を作ろう	25
	8・4	牛乳パックでオリジナル作品を作ろう	42
	9・8	野鍛冶体験	15
	10・21	水引を作ろう	10
平成15	6・15	石見銀山と南部鉄山	76
	7・26	牛乳パックでオリジナル作品を作ろう	
	8・10	野鍛冶体験	
	8・23	八幡馬を作ろう	
	9・7	縄文土器を作ろう	
	10・19	わら細工に挑戦	

図103　根城まつり

集人数は少ないが、根城に足を運んでもらうきっかけをつくるのが目的とされている。中世という時代にとくにこだわらず、親子で参加できる講座をなるべく取り入れているのも、「きっかけづくり」だからである。最近は小学生の自由研究対策として、夏休みにもの作りの講座を集中させているようである。地道な講座ではあるが、ぜひつづけていってもらいたいと思う。ちなみに、これまでの開催内容は表8のとおりである。

(三)　広場の活用

史跡という堅苦しさからか、広場の利用者はほとんど見学者にかぎられている。年一回実行委員会による「根城まつり」が開催されているが、それ以外の利用はほとんどない。

これまでも犬や鳥の愛好家たちの品評会や、フリーマーケット開催などの案はあった。管理の問

図104　ボランティア活動

題はあるが、市内にある文化団体の催事や花見会場などの利用も含めて、あらためて「利用される広場」を検討することが指摘されてきている。

(四) ボランティア

根城を訪れる方々のガイドをしているボランティア団体として、「根城史跡ボランティアガイド」と「国際交流ボランティア」がある。

「根城史跡ボランティアガイド」は会員約三〇人で、一九九八（平成十）年に発足した。博物館敷地内にあるボランティアハウスを拠点とし、通年根城のガイドを行っている。春から秋までは休場日を除く毎日ハウスに待機、冬は予約による対応を行ってきている。二〇〇四（平成十六）年度は一〇二団体、五三九一人を案内した。黄色のウインドブレーカーがトレードマークで、根城にはなくてはならない団体であるが、会員の確保と運営費が大きな課題となっている。

「国際交流ボランティア」は二〇〇一（平成十三）年に発足し、外国人を対象とした史跡のガイドを行っている。常時待機するのではなく、完全予約制である。申し込みがあった時点で博物館から連絡をとっている。三沢の米軍関係の案内が多く、二〇〇四（平成十六）年度は五団体、四四人を案内した。

（五）復原建物の維持管理

広場がオープンしてから一〇年が経過した。整備は完成した時点からメンテナンスが始まるといわれるが、まさにそのとおりである。最初に復原した外周柵は柵木が腐り始めており、すでに部分的な取り替えもされている。竪穴建物の板壁や茅葺屋根、野鍛冶場の覆い屋根、タタキ土間、監視カメラ等の設備など、施設の補修に要する経費が年々増加している。とくに外周柵に関しては全面改修の時期にきている。復原建物を維持する費用の捻出が最も大きな課題となろう。

（六）植栽管理

広場全体にはテーマをもった植栽がなされていたが、オープン後に市民から広場に桜が欲しいとの強い要望があった。城には桜が付き物であるらしく、文化庁との協議で、南部氏とのゆかりがある身延の桜にちなんで、枝垂れ桜の植栽が許可された。なお、市民の要望はソメイヨシノであるが、この桜の出現年代と根城の存続期間が異なることから、許可されなかった経過がある。

植栽として、市民から寄贈された苗木を曲輪の縁辺部に植えたが、樹勢が弱く枯れてしまう木が多い。もともと山砂で盛土整地した土地であるため植栽には適していないが、市民の好意を無にするわけにもいかず、施肥や土壌改良、剪定、木を上に伸ばすための芯立てなど、さまざまな努力を続けている。このように、植栽をすればするほど、管理に想像以上の手間と費用が必要となるのが現状である。

東善寺館の一角にある薬草園は植栽のなかで最も人気のあるコーナーで、根城を訪れた方の多くは興味深く観察している。当時使われたと考えられる一〇〇種類ほどの薬草が植えられており、それぞれに名前と薬効、使用部位や用法が書かれた小さな説明板がつけられている。

これらの薬草は、もともと異なる植生環境にあったものを一定条件の場所に植えたため、ここの環境にあわないものは基本的に毎年枯れる。また、芽を出し始めのころは雑草と間違うことが多いため除草される。このような植物の定期的な補充が必要であり、年間を通しての管理体制も考えなくてはならない。

（七）部分的な再整備

忠実な復原を目標に行ってきた整備であるが、来場者からの苦情や要望（とくに高齢者）があったのは次のようなことである。

①砂利敷きの園路は歩きにくいし、車椅子が押せない。
②駐車場から本丸までが遠くて、途中で引き返す。
③日陰がほしい。
④本丸までの坂がきついのでエレベーターがほしい。
⑤本丸内に休憩所がほしい。
⑥奥御殿・常御殿も復原してほしい。
⑦冬寒いので暖房を入れてほしい。
⑧水のみ場が欲しい。

図105　八戸市博物館

⑨おみやげ物売り場があればよい。
⑩食事所が必要。

等々である。それぞれ説明はするのであるが、来場者の大口は高齢者の団体なので、要望に応えられるものに関しては再整備の必要を感じている。しかし、これらの要望に応えれば応えるほど、歴史的な景観は失われていくのが現状である。

以上広場オープン後の状況を紹介したが、来場者の多くを占める高齢者が要望する、バリアフリーの城跡はなかなか厄介である。今後の最も大きな課題は、整備した広場が市民の憩いの場として愛され、広く活用されるような状況づくりではなかろうか。

2　八戸市博物館

「史跡根城の広場」に隣接して、一九八三（昭和五十八）年に開館した八戸市博物館がある。この博物館は八戸の玄関口であるＪＲ八戸駅や市の中心部から車で一〇分の位置にあり、路線バスが頻繁に往来している。また、高速道路のインターチェンジからも一〇分足らずと恵まれた立地条件にある。

展示は考古、歴史、民俗、無形資料となっており、館長以下八人のスタッフで年数回の特別展・企画展、講演会や体験学習などの各種講座、各分野の資料収集・整理等の業務を精力的に行っている。根城の出土品は一括して博物館で保管しており、主要な品々を常設で展示している。

根城にかかわる発掘調査は一九八二（昭和五十七）年度から博物館が担当しており、学芸員六人のうち三人が発掘調査を行っていたが、広場の整備が終了すると岡前館における現状変更対応が主となり、二〇〇〇（平成十二）年からは八戸市教育委員会文化課で発掘調査を一本化することとなった。根城の環境整備事業が一段落した一九九五（平成七）年度からは、それまで発掘調査に割かれていたスタッフを、博物館業務に専従させることができるようになった。二〇〇〇（平成十二）・二〇〇一（平成十三）年度には開館以来はじめてとなる常設展のリニューアルを実施し、ボランティアの養成にも積極的に取り組んでいる。

この博物館は根城や南部氏についてのガイダンス機能もかねているが、展示室がそれほど広くないため中世南部氏の展示は十分ではない。根城の博物館というイメージをもって訪れる方が多いのも確かであり、広場の活用とともに、このようなニーズにどのように対応していくかも課題の一つであろう。

八戸市博物館・史跡根城の広場利用案内

開館（場）時間　9：00〜17：00［入館（場）は16：30まで］

休館（場）時間　月曜日（祝日にあたる場合はその翌日）
祝日の翌日［ただし土・日にあたる場合は開館（場）］
なお、毎月第1月曜日は開館（場）。
※博物館は館内整備のため月末休館の場合があるので確認が必要。

入館（場）料

		一般	高・大学生	小・中学生
博物館	個人	250円	150円	50円
	団（20名以上）体	130円	80円	30円
根城の広場	個人	250円	150円	50円
	団（20名以上）体	130円	80円	30円
博物館 根城の広場 共通券	個人	400円	240円	80円
	団（20名以上）体	260円	160円	60円

問い合せ

八戸市博物館
〒039－1166　八戸市大字根城字東構35の1　TEL 0178－44－8111
史跡根城の広場・管理事務所
〒039－1166　八戸市大字根城字根城47　TEL 0178－41－1726

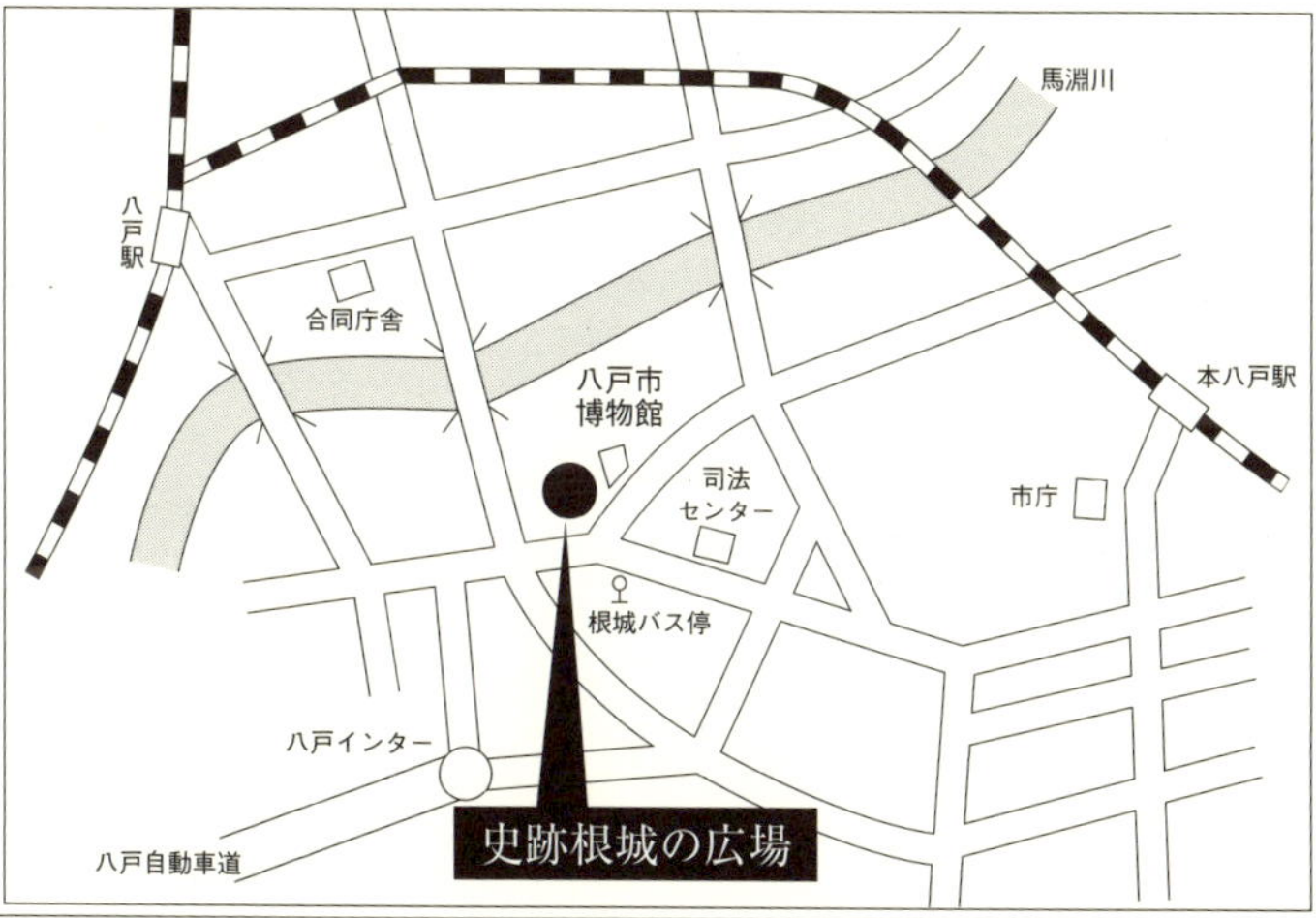

参考文献

青森県　二〇〇三　『青森県史資料編考古四　中世・近世』
市村高男　二〇〇三　「中世七戸から見た南部氏と糠部」『中世糠部の世界と南部氏』高志書院
入間田宣夫　二〇〇三　「日本史の中の南部氏」『中世糠部の世界と南部氏』高志書院
岩手県立博物館　二〇〇〇　岩手県立博物館開館二〇周年記念特別展図録『北の馬文化』
小井川潤次郎　一九四一　「根城とその界隈」『小井川潤次郎著作集』第四巻（一九九一刊）
小井田幸哉　一九八六　『八戸根城と南部家文書』八戸市
工藤竹久　一九九六　「陸奥・根城跡出土の私鋳銭」『坂詰秀一先生還暦記念　考古学の諸相』立正大学文学部考古学研究室
栗村知弘　一九九一　「南部氏による北奥の制覇」『図説青森県の歴史』河出書房
栗村知弘・佐々木浩一　二〇〇一　「根城跡―近世家臣団編成と秀吉諸城破却令」『城破りの考古学』吉川弘文館
佐々木浩一　一九九一　「根城地区東構地区の遺構変遷」『八戸市博物館研究紀要』第七号
佐々木浩一　二〇〇一　「柱穴群から建物跡へ」『掘立と竪穴』東北中世考古学会編、高志書院
佐々木浩一　二〇〇二　「扇の要―東北地方北部における中世城館の曲輪配置」『海と考古学とロマン』市川金丸先生古希記念献呈論文集
七戸町教育委員会　二〇〇六　『七戸城跡』
関　豊　二〇〇三　「九戸城」『中世糠部の世界と南部氏』高志書院
中村　裕　二〇〇三　「浄法寺城」『中世糠部の世界と南部氏』高志書院
中村明央　二〇〇三　「一戸城」『中世糠部の世界と南部氏』高志書院
南部町教育委員会　二〇〇三　『聖寿寺館跡発掘調査報告書Ⅷ』

西　和夫　一九八六「一間の長さの変遷とその地域分布」『列島の文化史』日本エディタースクール出版部
二戸市教育委員会　二〇〇二『史跡九戸城跡』
八戸市教育委員会　一九九三『根城―本丸の発掘調査』
八戸市教育委員会　一九九六『根城―環境整備の発掘調査』
八戸市教育委員会　一九九七『根城―史跡根城の広場環境整備事業報告書』
八戸市博物館　一九九四『特別展図録中世の風景』
文化財建造物保存技術協会　一九九四『根城―主殿復原工事報告書』

あとがき

私がはじめて根城の現場を訪ねたのは昭和五十三年、大学三年のときであった。現在の職場で、私の後ろの席から睨みをきかしている課長が、本丸の調査を開始した年である。その後八戸市に就職し、以来、発掘調査・整理作業・環境整備・維持管理と一貫して根城にかかわってきた。役所で二年勤めたのち博物館へ、そしてまた役所に異動になり一段落したと思っていたら、今度は中断していた史跡の買上げや復原建物の修理等があり、まだまだ解放されそうにない。

発掘調査では柱穴の多さに辟易し、整理作業では掘立柱建物跡の手強さを痛感した。また、整備が進むにつれて復元のむずかしさを知り、維持管理では日々の対応に追われた。時が経つにつれて、当初の復元理念や検討内容は過去のことになり、来場者から寄せられる新たな要望に現実的な対応を迫られる。それは、整備の意図するところとは次元が異なるものであり、場合によっては部分的に当初の考え方を変えることも視野に入れなければならない。

城館整備では発掘調査の基礎データはもとより、文献・民俗・建築・土木等の多様な情報が集積され、これらの情報はそれほど長くない事業期間内に収斂されなければならない。城を忠実に復原することと、整備された城を訪れる方々に対し便宜を図るという、相反することへの妥協点も見出さなければならなかった。根城の整備にかかわった方々は今でもいう。「本当に大変な仕事だった」と。

現在根城では再整備計画が進行中である。来場者の声に応えることができる部分については改善し、できないことには十分な説明をするという姿勢を保っていきたいものである。

本稿をまとめるにあたり、小井田幸哉・正部家種康・栗村知弘各氏の長年にわたる業績と、ともに事業にかかわり、発掘調査や整備報告書等をまとめた高島芳弘（現徳島県立博物館）、藤田俊雄（現八戸市博物館）、大野亨（現八戸市教育委員会文化課）、松本優（文化財建造物保存技術協会）諸氏の考察を参考にさせていただいた。末筆でまことに恐縮であるが、本文中の敬称を略させていただいたことと合わせ、ここでお断わりし、お礼を申し上げます。

また、本書執筆の機会を与えていただいた菊池徹夫、坂井秀弥両先生に感謝を申し上げます。

菊池徹夫
坂井秀弥　企画・監修「日本の遺跡」

19　根城跡《ねじょうあと》

■著者略歴■

佐々木浩一（ささき・こういち）

1955年、青森県生まれ

駒澤大学文学部卒業

現在、八戸市教育委員会文化課副参事兼埋蔵文化財グループリーダー

主要論文等

「青森県中世遺跡の遺構変遷試案」八戸市博物館研究紀要第14号、1999年

「扇の要—東北地方北部における中世城館の曲輪配置」『海と考古学とロマン』市川金丸先生古希記念献呈論文集所収、2002年

2007年2月10日発行

著　者　佐《さ》々《さ》木《き》　浩一《こういち》

発行者　山脇　洋亮

印刷者　亜細亜印刷㈱

発行所　東京都千代田区飯田橋4-4-8　東京中央ビル内　（株）同成社

TEL 03-3239-1467　振替 00140-0-20618

ISBN978-4-88621-381-5 C3321

シリーズ
日本の遺跡
菊池徹夫・坂井秀弥　企画・監修

四六判・定価各一八九〇円

【既刊】

①西都原古墳群　南九州屈指の大古墳群　北郷泰道
②吉野ヶ里遺跡　復元された弥生大集落　七田忠昭
③虎塚古墳　関東の彩色壁画古墳　鴨志田篤二
④六郷山と田染荘遺跡　九州国東の寺院と荘園遺跡　櫻井成昭
⑤瀬戸窯跡群　歴史を刻む日本の代表的窯跡群　藤澤良祐
⑥宇治遺跡群　藤原氏が残した平安王朝遺跡　杉本　宏
⑦今城塚と三島古墳群　摂津・淀川北岸の真の継体陵　森田克行
⑧加茂遺跡　大型建物をもつ畿内の弥生大集落　岡野慶隆
⑨伊勢斎宮跡　今に蘇る斎王の宮殿　泉　雄二
⑩白河郡衙遺跡群　古代東国行政の一大中心地　鈴木　功
⑪山陽道駅家跡　西日本を支えた古代の道と駅　岸本道昭
⑫秋田城跡　最北の古代城柵　伊藤武士
⑬常呂遺跡群　先史オホーツク沿岸の大遺跡群　武田　修
⑭両宮山古墳　二重濠をもつ吉備の首長墓　宇垣匡雅
⑮奥山荘城館遺跡　中世越後の荘園と館群　水澤幸一
⑯妻木晩田遺跡　甦る山陰弥生集落の大景観　高田健一
⑰宮畑遺跡　南東北の縄文大集落　斎藤義弘
⑱王塚・千坊山遺跡群　富山平野の弥生墳丘墓と古墳群　大野英子
⑲根城跡　陸奥の戦国大名南部氏の本拠地　佐々木浩一

【続刊】

日根荘遺跡　和泉に残る中世荘園の景観　鈴木陽一